來自專業治療師的苦口婆心小叮嚀，
爸媽們可以放下心，孩子們也能敞開心，
學會正確觀念，才能真正用心去了解孩子！

資料夾文化

Recommendation

推・薦・序

（依姓名筆劃排序）

楊聰才身心診所院長｜**楊聰財**

當彥鈞還在臺灣大學醫學院念書時，我們便很有緣地相識了，這十餘年來對彥鈞的印象就是個始終謙恭有禮、充滿熱血正氣又溫暖的好青年，臨床服務的他也總是以上帝和主的愛關心照顧個案、在職場散發正能量，原本認為是其專業知識、豐富的臨床經驗加上細心體貼的個性讓許多需要的爸媽及孩子獲益良多，當看到他在書中分享了自身的經歷才知道原來還有這些心路歷程，所以想必他更能以深刻的同理心，設身處地為了孩子們著想。

職能治療師可透過較長的臨床觀察時間及互動來蒐集短暫的問診時間中無法一次網羅的狀況，在這本書裡，彥鈞描述許多孩子表現的細節以及透過長期的經驗累積、整理匯集過後所分享的內容是更具有參考意義的，不僅如同索引一般方便爸媽快速抓到孩子行為表現的方向與核心，引導爸媽如何更深入地觀察、思考及挑出盲點，也幫助爸媽更體會孩子的身心感受，同時又提供了不少實用的解決方案和加強的日常遊戲。

天下父母心，其實孩子的一生，爸媽永遠擔心不完，常無法分辨問題的來源是教養問題、自己的疏忽還是孩子的個性？到底要繼續觀察？還是尋求專業諮詢？往往在猶豫躊躇的過程中就可能錯過了一些關鍵時期。在孩子成長的路上能有一本這樣真切寫實的參考書，我相信看完之後一定能讓爸媽更加放心的！

楊聰財

Recommendation

推・薦・序

（依姓名筆劃排序）

臺大醫院北護分院復健科主治醫師兼醫療部主任
臺灣大學醫學院臨床助理教授

韓德生

黃彥鈞治療師從臺灣大學畢業後便投入臨床工作，至今已超過十個年頭。在臺大醫院北護分院的服務主要是小兒職能治療，特別以感覺統合失調及過動／注意力缺損小朋友為對象。臨床經驗相當豐富，治療效果也頗受家長肯定。

為了解決家長親職上的困擾，黃治療師以專業的角度、通俗的語調、加上活潑的排版及豐富的案例分享，完成「爸媽請放心」這本極具參考價值的醫療推廣書籍。我感到相當地欣慰！

文中有許多別出心裁的小方塊，像是「爸媽一起來」傳授了一些設計活動的小撇步；「爸媽請注意」則列出了教養過程中的「要」與「不要」；「黃老斯想說」則提供了過來人的現身說法，特別具有說服力。對於為人父母如何教養下一代更是有實質的助益。

我相信這本書能有效增進父母的親職能力，故樂於為其推薦。

韓德生

Preface

作・者・序

我也曾經無法理解自己

「為什麼都照著書做了，還是耽誤了孩子的黃金期？」

每當聽到痛苦自責的爸媽們這樣問，我隨即就是一陣一陣的心疼。

在醫院從事復健科職能治療臨床工作這些年，見到的許多爸媽及孩子大多是已在外頭不斷尋求資源、轉了一大圈或是按照各種參考書籍執行後，孩子的表現仍無法達到期望值，所以來到了醫院——這個被我稱為「走投無路」才會來的地方，畢竟還是很多人認為：「進入醫院相當於被貼上標籤」避之唯恐不及。所以初到治療室時他們很少是笑著進來的，因為內心是那麼地掙扎又矛盾，而我日復一日看到這樣的個案，心裡不禁在想：「教養的知識越來越普及又容易取得，為什麼沒有解決這些爸媽的問題呢？」

若孩子罹患很典型、容易被診斷的疾病，通常都會直接進入早期療育系統得到醫療資源的協助，但偏偏大多數的孩子都是未完全符合診斷標準卻仍有狀況的「邊緣型個案」，或我們會稱之為「疑似」、「有某某病症的氣質」，甚至更多的孩子是因為爸媽未按照其身心及腦部發展去對待或是教養方式，而演變成「後天型」的發展問題。

職能治療師的養成過程中要學習許多相關醫學知識，但具備之後仍不足以治療個案，需要透過實際接觸爸媽和孩子的實習與臨床執業的磨練。因此，必須不停地精進自己所缺乏的知能，才能幫助爸媽與孩子。由於我能夠清楚自己的知識需求，所以找起參考書籍及文獻能比較快速確實。然而有天我突然發現，若站在爸媽的立場來看，我可能也不知道要選擇哪一本書，因為爸媽們根本不夠了解孩子行為底下的原因以及原因中到底有哪些排列組合、比重順序，所以每一本書對爸媽而言都是汪洋中的浮木，看起來都那麼地頭頭是道。

很多書籍告訴我們處理的方法，卻未必教我們如何找出原因，然而透過觀察、評估做出推論進而找到原因的過程，又是那麼地需要臨床經驗及專業，為了不想總是守在最後一關當大魔王，等著無助的個案來掛號，也不想總是看到過了黃金期而拼命亡羊補牢的家庭，所以我想走出白色巨塔，想辦法傳達觀念給需要的爸媽們：「其實你們可能原本是不需要走進醫院的、其實你們可以不用擔心、其實你們可以提早做好。」

在這本書裡我會分享臨床工作的案例，並邀請爸媽們藉由閱讀這些故事，看看我怎麼觀察並找到問題的過程，思考一下：自己當初所認定的問題到底是不是真正的問題？自己的判斷是否確實？是否遺漏了什麼？是否誤會了什麼？是否做錯了什麼？是否其實需要改變的是大人自己？

我也曾經無法理解自己。

如果當初沒有進入職能治療系，我可能還是不會知道為什麼自己會這樣，我一直以為是我的個性、癖好或習慣，還有我認為可能一輩子都難以改變的那些行為——原來，不見得是與生俱來；原來，這些行為也不是不可翻轉的。

即使是大人，因為他人不瞭解自己而被錯誤對待時都會覺得冤枉、委屈，若是還無法正確表達的孩子，幼小敏感的神經又會有什麼感受呢？希望大家閱讀後能花更多時間觀察孩子、瞭解狀況後以愛及正確的方式來養育寶貴的生命。

感謝捷徑文化的王毓芳總編輯與辛苦的同仁們，感謝在學校及工作職場中曾指導過我的老師們、前輩同事們，感謝這一路上所遇到的家長與孩子們。

感謝在天國的爸爸、感謝辛苦養育並愛我的媽媽、感謝關心並幫助我的家人朋友們及在北京愛我的爸媽、感謝各方面支持著我的太太Lily、感謝教導我人生的牧師、感謝Joshua Jung、Mercy Ju、Jonan Hsieh、Aurora Chang、Jay Wu，我愛你們！感謝成為我的能力與力量的主。謹將此書獻給你們，一切榮耀歸給 神。

黃彥鈞

2018.03

Contents

目・錄

職能治療師分析：教養案例

◆本體覺篇◆

職能治療師分析：教養案例

爸媽請放心，黃老斯要跟你說：

Chapter 2 運用能力 Praxis

◆姿勢篇◆

職能治療師分析：教養案例

◆感覺區辨篇◆／194

職能治療師分析：教養案例

Introduction

寫・在・本・書・之・前

大學進入職能治療系之後我才慢慢地解開自己的性格之謎。

為什麼我總是很怕別人碰我，很怕去到新的環境？

為什麼我不喜歡團體生活、不喜歡出去玩，喜歡自己一個人？

為什麼我的協調這麼不好、反應這麼慢？

為什麼球類運動都這麼爛？

為什麼有些食物別人都覺得很好吃我卻不敢吃？

為什麼我讀書的體力這麼差？為什麼我要休息這麼久才有力氣？

為什麼我很想改變，但就是這麼難、這麼痛苦？為什麼我明明努力改變了，情況卻還是沒有改變？

與其說職能治療是我的職業，不如說職能治療讓我更瞭解自己，讓我對於來治療室的孩子們能更加感同身受，因為我真的懂那是什麼感覺。所以當我在描述自己的狀況、感受與內心時，爸媽總是驚訝於我的「專業」：為什麼我連他們的孩子在家、在學校的行為與表現都能輕鬆地娓娓道來？為什麼我在治療室中常常能知道他們下一個反應是什麼？不單單是我在學校很認真學習知識，或是我很會察言觀色，更不只是我臨床觀察與推理能力很好，而是因為我真的懂那是什麼感覺。

在成長這段路程中，因為太多的「為什麼」總是無解，使我在適應團體生活時備感辛苦，並且也無法清楚地向我的爸媽求救，曾試圖描述出來的部分他們也幫不了我，我擁有家人的愛與支持，我的問題卻還是存在，讓我痛苦並自卑。

舉個例子來說，由於怎麼努力還是不擅長球類運動，便難以打入男孩成長過程的社交圈，從同儕之間不斷傳來有形或無形的壓力、耳語甚至戲謔，是我求學階段裡不可承受之輕。但我未必會在爸媽面前自我揭露，因為那需要一點勇氣，不僅僅是承認，而且還要再次面對自己的弱點。不過，我會選擇在這本書裡勇敢地說出來，是因為我想告訴爸媽們：「我是職能治療師，我也是個案，但像我這樣的狀況並不是一種病，只是在成長的過程中，我所缺乏的環境刺激與該加強的部分沒有適當、適時、適量地被補足。而孩子的狀況我全都理解，我知道發生了什麼事情，我也知道將會發生哪些事情。所以我想讓更多爸媽更早一點瞭解自己的孩子、更多一點瞭解他們的感受、更快一點在黃金期幫助他們。」

學齡前就是所謂的黃金期，這時候孩子的大腦與身體都正在快速地成長、很容易雕塑及改變，也因為如此，在發展的時期所觀察到的各種狀況一切尚未成定局，未必是孩子的天生個性或優缺點，或是孩子的真正喜好，很多都其實是在反映著孩子們「這個當下」的狀態，而我們專業人士就是幫助判斷孩子「此刻」在各方面的刺激是否有所需要加強並給予建議。

學齡前也是早期療育的黃金期，搭配著孩子的身心發展，黃金期當中所做的努力可以事半功倍，如同紙黏土尚未乾掉之前，只要適時適度地加水就容易塑型，過了黃金期就像逐漸乾掉變硬的紙黏土，若希望黏土能按照我們心想的樣子成型，越晚就越發困難，有些硬掉的地方甚至再怎麼加水也無法軟化，因此孩子的療育建議從學齡前就開始。而黏土的材質也會因組成物及比例有不同的質地，捏土的環境有不同的溫度濕度，像我們這樣的專業人士的職責，就是幫助創造者觀察並調整各種變因，再根據土本身的特性，一起讓黏土能按照特質成為發光的器皿。如同這個道理，孩子的療育必須是多樣化的，再加上爸媽與我們的通力合作，讓孩子未來能依其特質發光發熱。

這本書內分享以臨床中較為常見的幾種感覺統合方面、肌肉張力有狀況的小故事，以及其對應的原因與處理方式，這些都只是單一個案，並非通用解法，本書更不是要教導、闡述感覺統合理論，而是用臨床故事讓爸媽快速地有概念、能夠思考是否需要尋求專業幫助或查詢資料，才能花更多時間去觀察並瞭解孩子。

孩子的行為問題判斷並不容易，多數案例都是需要綜合評估，職能治療師也不是只有單單以感覺統合理論來評估治療個案，還要考慮其他許多的參考架構，且需要因應不同狀況做出各不相同的對應方式——大家會認同不要自己當醫師去診斷自己或他人的身體，但在孩子狀況的這塊，似乎陷入了迷思，更何況屬於「人」的問題常常見山不是山，總是充滿各種變化與可能性，每個當下都可能有所不同，怎麼會有公式可以套？也有可能會因為判題錯誤、沒有找到真正的原因，所以即使解法正確，問題依然存在。

看懂題目之後的詳解、速解法才有意義，否則只是把對的答案抄在非對應的題目下而已。

爸媽請放心，解題並不困難，關鍵在於多方面彈性的思考及仔細的觀察，共勉之。

爸媽你們得先知道：什麼是

感覺統合

Sensory Integration

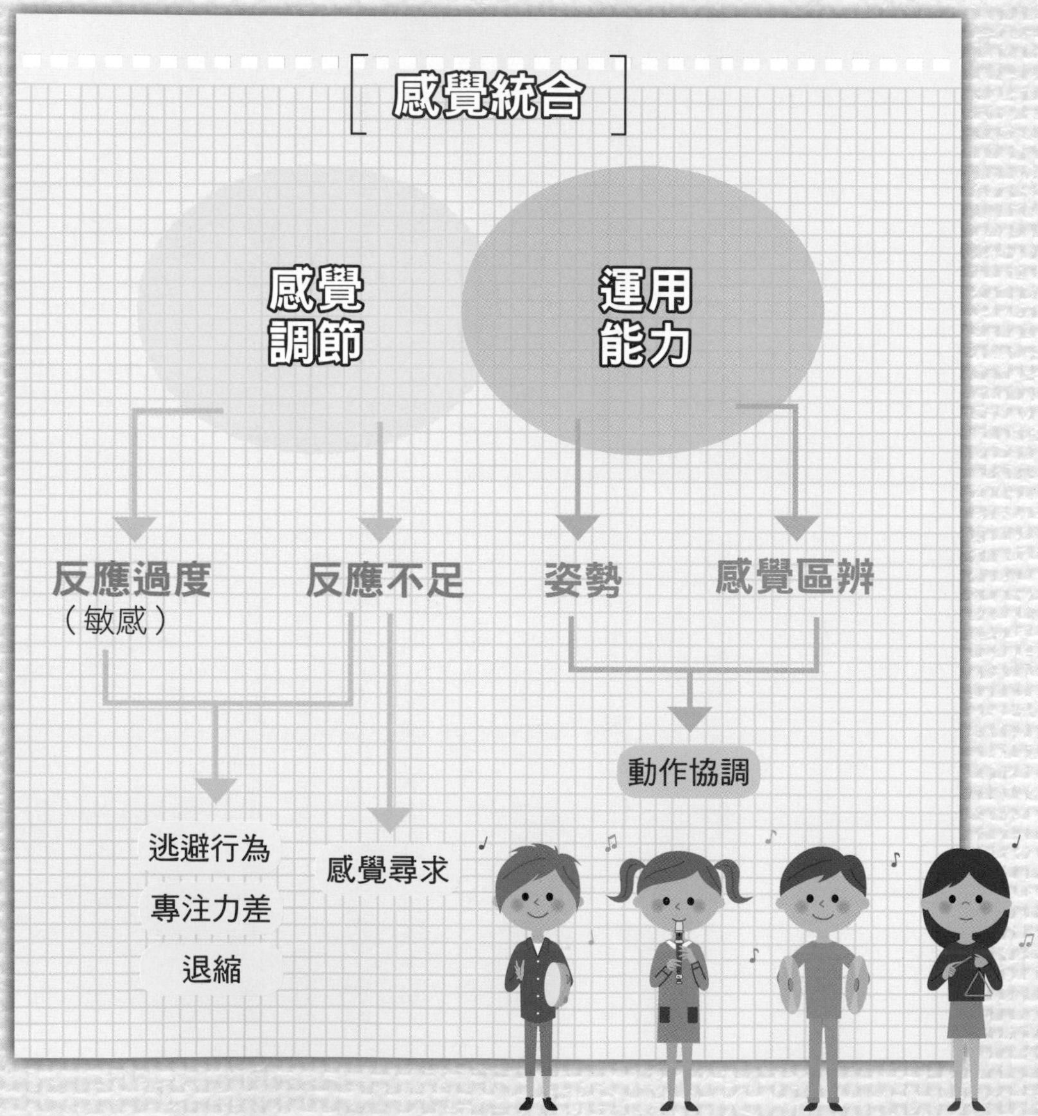

感覺統合，我們常稱之為感統（Sensory Integration），而感覺統合參考架構是由美國的一位職能治療師 A. Jean Ayres（Ayres, 1972, 1979, 1989）博士所發展的，她是以神經生理的角度來分析感覺統合。

身為父母，可能對於感統這個名詞不會很陌生，但就是「聽過」卻無法很清楚地描述，知道好像蠻重要的，卻不瞭解詳細的內容和如何實際操作。

而在這當中，我們熟知的「感覺」是：視覺、聽覺、嗅覺、味覺、觸覺等感受，但其實另外還有兩個感覺，一個是「前庭覺」，另一個則是「本體覺」。感覺統合理論中的三大主要感覺系統就是指觸覺、前庭覺及本體覺。而觸覺、前庭覺、本體覺三者的「感覺調節」與「運用能力」，便是影響感覺統合好或不好的決定性關鍵。

觸覺是最基本的感覺，是我們感受環境很重要的來源，若具有良好的觸覺調節與區辨能力，便能較好地避開危險，當然也能較好地發展認知能力。透過觸摸周遭的事物，去感受不同的大小、形狀、材質、溫度、軟硬、輕重等，並在腦中建立起印象與連結，不斷地增加經驗、促進認知。此外，觸覺能傳遞情感，好的觸覺經驗也能安定情緒、紓解身心壓力。

前庭覺所影響的範圍很廣，視覺、動作的協調能力、肌肉張力、維持姿勢的能力還有身體在空間中的位置概念等，因為它跟身體移動的速度、方向感知有關，所以，前庭覺若沒有好好健全發展的話，不僅會影響協調能力，體育表現、工具使用和書寫也可能會比較辛苦。

本體覺又稱肌肉關節覺，用這樣來顧名思義的話就是身體感受肌肉、關節或是骨頭所傳來的感覺、肌肉的收縮快慢與程度、關節的活動等都跟本體覺有關。本體覺也會影響到身體的計畫及協調能力，像是做事的順序與效率等，如果爸媽覺得孩子做事拖拉、沒效率或是玩玩具很容易力道控制不好而弄壞，都有可能與本體覺發展有關係。

從以上我們可以發現，生活當中所接觸到的所有人事物，都與感覺統合有關，胎兒約4個月大時聽神經元細胞開始發展，5~6個月大時寶寶對外界就會有反應，產生胎動，並漸漸地發展感覺統合能力。

感覺學習從0歲起就很重要，而發展感覺統合能力的黃金期是在七歲之前，希望爸媽們可以把握這段時間，讓孩子大腦與身心的發展可以更好、具備更多適應環境的能力，因為環境中有各種感覺刺激，人接收訊息後大腦會進行統合並做出合適、有效率的反應以應付不同的情境需求。所以，如果把各「感覺」加以「統合、統整」的能力越好的話，適應環境、面對不同情境的能力、抗壓受挫的能力、學習能力等也會越好。

感覺統合是一個關於大腦與行為間之關係的理論，理論並非是事實，而是幫助我們去解釋、計畫、預測孩子的行為表現，雖然大動作與精細動作的控制能力、情緒調控能力、語言溝通方面與學習課業知識方面都與感覺統合有所相關，但不會盡然都是感統的問題，此外，光是感統的面向就包含了許多不同的排列組合，每個人的情形都不相同，基本上不太會只有單一原因，而且除了孩子本身生理發展的狀況，環境、教養方式等因素也占不少比例。

在書中分享的臨床小故事與簡易的判別表格，都是給爸媽做參考用，表格中所列出的表現只是一部分，不是以符合多少項目來判斷是否需要專業介入，若孩子符合了幾個描述也不需要太過慌張，因為每個孩子的表現都不會一樣，也有程度上的差別，所以沒有一個孩子能成為另外一個孩子的比較標準，只是想再次讓爸媽想想自己是否有好好觀察孩子的表現？是否有試著瞭解他們的身心狀況？

若爸媽推測孩子可能在感統方面有狀況時，以下有幾點想提醒：

1

孩子有可能每天的表現都不一樣，有可能一段時間表現會不同，甚至可能時好時壞到前一分鐘這樣，後一分鐘就另一個樣，也可能因環境或情境而有差異。（就算孩子沒有感統問題，在成長的過程還是什麼事都有可能發生，所以很需要一顆見怪不怪的心，而非懷疑孩子的能力或一味地責怪、要求孩子服從。）

2

有的孩子可能在不同的感覺上有不同的表現，例如在觸覺是反應不足，在前庭覺卻很敏感；有的孩子可能在同一種感覺也有不同的表現，例如在觸覺敏感與反應不足中間擺盪。狀況可能單純，也可能多樣。

3

表格中提到的表現並非都要符合才算是有感統狀況，而且感統理論只是推論的一種方法，不是唯一的參考。

以下分享的臨床故事，是與感覺統合較為相關的案例，有的是屬於單一原因，有的是多重因素但某原因的比重較大，所以如此大致分類，主要還是希望爸媽看了書之後能多多觀察孩子，然後多一點思考孩子行為背後是否有什麼原因影響著，畢竟國內外各專業談論親子教養的書籍與知識非常多（小兒科、身心科醫師、心理師、特教老師、兒童教育專家、親職專家、職能治療師等），真的要先確認問題才會知道什麼情況要參考何種專業的建議，也才會知道自己要的答案是什麼。因為孩子的成長過程本來就是感覺統合發展的歷程，一定多多少少會有關聯，若發現所遇到的問題可能是感統相關的方向，這本書就能讓家長們較容易理解，並能很快速地粗略判斷或思考自己的孩子是否需要專業介入，抑或只是自己太過於大驚小怪，其實可以放輕鬆一點。

事實上，孩子的狀況各有程度的差異，每個人表現出來的樣子都不會完全相同，所以處理方式與建議也絕對不會都一樣，書中所分享的活動都是參考使用，並非讓家長看了書之後就能自行判斷及介入，不過這些活動就算沒遇到什麼問題也都能陪著孩子做，當家長帶孩子玩已經沒想法的時候就能參考著做，同時還能順便加強孩子的各種感覺統合能力，是不是一舉數得呢？

希望家長們若有疑問的話，都能及早請教專業人士協助評估判斷後給予量身訂做的建議唷！

我曾被認為是個
「不乖、彆扭、難溝通」的孩子，
如今，我成為了一名職能治療師，
我想以我的經驗與專業
幫助每位無助的爸媽，
學習如何正確解讀孩子的行為，
用愛陪伴他們一起長大。

Chapter 1

感覺調節

Sensory Modulation

Chapter 1 感覺調節 Sensory Modulation

感覺調節（Sensory Modulation）是指當環境中的刺激進入大腦之後，大腦能將各種刺激量調整到一定的適當程度，讓身體產生適切、合宜的反應。

當感覺調節能力不好時，就有可能產生對某刺激的反應過度（會怕、排斥或逃避）或反應不足（沒辦法表現令人期待的反應），由於環境中的各種感覺會不斷地輸入大腦，若是調節不佳的話，便會影響生活與適應環境。

接下來將以觸覺、前庭覺、本體覺的分類，讓爸媽可以了解更多感覺調節能力不佳的表現情形。

◆觸覺篇◆

觸覺是我們在感知這個世界時很重要的其中一個感覺，使得我們在接受訊息後能跟環境互動，是人類最早發展的系統。

在此之中的痛覺、冷熱覺、壓覺等則會保護我們免於危險與傷害，從小若寶寶碰到、吃到、接觸到令他不舒服或感到危險的東西時，會透過哭或叫等情緒反應來請大人幫忙。

這也直接會影響到情緒並且能傳遞情感的一個感覺：輕拍、輕撫孩子讓他穩定安靜；人們彼此擁抱、牽手、握手、親吻等接觸；緊張焦慮時想要咬指甲、吸手指等動作。

觸覺的發展本來就需要很多的經驗，所以不僅要鼓勵孩子多嘗試觸碰各種物品，爸媽多撫觸孩子，擁抱、輕拍、按摩、揉揉捏捏都是很必要的，每個人所需的刺激量不盡相同，多觀察孩子的表現來看孩子是否在某方面需要加添補足，孩子仍在成長的過程所以尚未定型，任何情況都是合理的，爸媽若只是一味希望孩子按照自己的想法或規定來生活，就可能會忽略他們的需求，影響到孩子在這方面的發展，這樣的情形就是後天造成的失調了。

接下來分享的幾則教養案例，是經過臨床觀察與評估之後推測可能與觸覺失調相關且比例較大的案例，爸媽們可以藉此參考。

職能治療師分析：
教養案例

教養案例分享一

為什麼孩子這個怕、那個不能忍受，討厭碰觸各種物體，爸媽該怎麼辦？

「一開始我以為養孩子本來就是這麼辛苦，畢竟頭一胎沒經驗嘛，所以會努力去配合孩子，直到他的妹妹出生後，才發現整個是天壤之別，妹妹好照顧到不可思議，然後我自己看了好多書也看不懂，找不到好方法，於是我下定決心要帶小立來諮詢。」媽媽如此告訴我。

四歲的男孩小立，一直以來都很不喜歡洗頭、洗臉，尤其很怕水、怕毛巾碰到自己的臉，刷牙跟打仗一樣需要追來追去，要剪頭髮時更要小心翼翼，一下子說剪刀很冰、一下子說會癢會痛，此外，幫他買衣服也很困難，很難預測什麼材質他不喜歡，尤其不穿新衣服，更別說衣服裡的標籤了，根本無法忍受。

而且，小立也會害怕沙子、泥土、草地，去海邊也都在大哭，喜歡一個人玩不喜歡跟別人一起，害怕去新的地方，每次出遊之前都要再三預告，哭的時候都毫無預警，光是找原因就要找很久，安撫也要花上一大段時間。

「小立的狀況，我小時候曾有類似的情形，所以可以體諒，但也沒那麼嚴重呀！」爸爸表示他自己不喜歡打赤腳，很熱的時候在家還是會穿襪子，根本不穿涼鞋或夾腳拖，甚至討厭各種會變髒的活動。

「小朋友應該會挑食吧？」我假裝猜測地問著。

媽媽不以為意地回答：「對，但孩子挑食不是很正常嗎？難道這也是相關的嗎？」

於是再接著問之後才發現小立的挑食情況還蠻嚴重的，但爸媽居然覺得普通，原來是父母本身在選擇食物方面也有大大小小的特殊習慣，因此對於孩子挑食的包容度確實大於其他照顧者。

小立雖然不到偏食的地步，但願意吃的東西很有限，口感、形狀、烹調方式等都挑，甚至碗中個別食物的溫度不同也會不吃或吐出來，所以在幼兒園吃得很少。

且小立起初是一步也不願意踏入幼兒園的，費了一番功夫才勉強能夠上學，本來爸媽覺得這樣有慢慢進步的感覺，以為他隨著時間過去加上經驗變多，應該會越來越適應這個世界，沒料到他居然日漸排斥幼兒園的各種活動，甚至都不跟同學玩和講話，討厭排隊，被其他小朋友碰到就會生氣或打人。

最近根本不願意去學校了，早上都裝睡不起床，好不容易拖行下床了，但也堅持不換衣服、不出門，一直大哭。

「老實說，照顧他真的讓我好累。」媽媽無奈又疲累地嘆氣著。

【職能治療師臨床推理】

小立的例子比較偏向觸覺敏感而過度反應，常稱之為「觸覺防禦」，但其實小立的狀況還不只這些，故事則是針對小立在觸覺方面的生活困擾較多著墨。

這樣的孩子對於我們覺得很小的或根本沒察覺到的感覺，他們都會很敏感，感到被干擾、無法忍受，沒辦法理解為什麼別人在環境當中都看起來很自由自在，自己卻怎麼樣就是不舒服，覺得很痛苦。

大致上會害怕或逃避觸覺方面的刺激，溫度、濕度、身上的衣物、食物、各種生活環境的材質只要覺得不對勁，整個人就會不舒服、不斷意識觸覺刺激而無法專注在該專注的人事物上、會有不自在、不安甚至易怒等各種情緒，因為他不知道什麼樣的觸覺是可以忽略、什麼樣的觸覺是需要注意，所以無時無刻都處在警覺的狀態。

長大之後就會容易有許多生活小習慣或小地雷，甚至因為太麻煩、太龜毛造成自己的煩惱與他人的困擾。

對於感覺輸入後每個人的反應程度都不相同，簡單分為下一頁的三種程度：

輕微的觸覺敏感：

這樣的孩子依照程度，大約在75％的情況下，行為都能符合社會期待，沒有特別處理的話，長大後就會像小立的爸爸一樣，之後對於食物、生活用品的挑剔成為一種習慣、個人偏好，雖然未必會影響到生活，但也可能或多或少影響到一起生活的人，個性上有可能會比較喜歡堅持己見、較容易因小事而生氣。

中度的觸覺敏感：

比較無法維持良好的專注力與警醒程度（請參照P.130），常受到環境干擾分心而無法好好做該做的事情，像是遊戲、讀書、寫作業、工作等，會因此感到挫折、情緒不穩定。

小時候在適應環境、進入團體生活也會需要大人些許的幫助與引導，否則很容易會有攻擊他人的行為，生活自理也會不太順利，常常會拒絕嘗試新事物，並較少主動參與活動或探索。

再敏感一點的話，可能就是更挑剔各種身體會接觸到的事物，一定要某一種床或枕頭才睡得著、穿特定材質的衣服才覺得自在舒服，飲食上的選擇更是講究與挑剔，所以出遠門、出國或到新的環境就會比較難以適應或過得不好。長大後會對於無法好好控制自己的情緒感到疑惑。

若到了對於各種觸覺刺激（一般人都覺得無害或不刺激）會有過度誇大的情緒反應或是看到人群會害怕、別人靠近時會覺得有壓力、難以與他人建立更深的關係、難以有肢體互動等程度，才會稱為「觸覺防禦」（Tactile Defensiveness，對觸覺刺激易有負面的情緒性反應）。

嚴重的觸覺敏感：

嚴重的觸覺敏感，已可確定稱之為「觸覺防禦」，就是前述狀況再更加嚴重之外，常見於有確診身心障礙的孩子，像是自閉症光譜症候群、情緒障礙的孩子們，因為太過於敏感，生活中的刺激對他們來說都很煎熬，會有逃避、害怕、驚慌的反應，大人必須不斷安撫、處理這些狀況，所以生活的適應會非常辛苦。

有時候爸媽較難分辨的部分是到什麼程度才有需要請教專業人士，而且每個爸媽會關注的面向也不同，就像小立的爸媽對於他挑食的包容範圍比較大，對其他行為反而感到頭痛。

其實這並沒有一個明確的指標，是否需要找專業人士的判斷標準就在於「造成生活困擾與日常任務執行」的程度多寡，如果爸媽已經嘗試了許多方式，參考了很多他人的育兒教養經驗後仍對現狀改變不大時，就可以考慮來找專業人士評估囉！職能治療都有標準化的評估協助爸媽瞭解孩子！

一般的狀況來說，從小有針對觸覺的部分給予均衡刺激的話，生活環境中就比較不會有太多無法忍受的事情而過得更舒適自在，也可以專注在該做的事情上，不會因為要花心思注意這些刺激而影響情緒和注意力。

透過左頁的表格讓爸媽瞭解孩子表現背後的可能原因，成長的過程裡越早發現就能越早幫助孩子處理，因為大腦是具有可塑性的，即使是大人，只要好好調整生活與行為也是可以改變的，請不要灰心沮喪，只是所需的時間與努力比較多。

【如果孩子有以下表現，可能有觸覺防禦的問題】

飲食

挑食，除了挑食物的種類和氣味之外，同一種食物經過不同的烹調方式也會挑剔。

例如：

1. 口感：不吃太軟、太硬、覺得不軟不硬、太濕潤、太乾、太粗糙或太刺的食物，過度放大感覺，大家都覺得軟硬適中，他卻覺得太軟或太硬而不吃，因為他們會認為噁心、太咬、不舒服
2. 溫度：難以預測其冷熱的標準，反正溫度不對就不吃
3. 形狀：挑剔形狀、不吃混合在一起的食物

穿著

1. 難選擇衣服、難以換季、討厭碰到衣服內標籤
2. 喜歡穿襪子或長褲，因為怕接觸外界
3. 討厭戴口罩、眼鏡、帽子、高領毛衣、皮帶或挑材質
4. 很難買到喜歡穿或覺得舒服的鞋子

自我照顧能力

1. 盥洗的要求很多，特定方式與規矩一大堆，例如一定要先洗臉才可以洗頭，對水溫要求很多
2. 不喜歡穿尿布、內衣褲或擦屁股，緊張或抗拒梳頭髮、剪指甲、剪頭髮、掏耳朵，怕被碰臉、被親、被抱
3. 不喜歡刷牙、用牙線的感覺，很怕看牙醫（嘴巴很難張開）
4. 常會覺得鞋子太鬆或太緊、襪子穿起來不平整、鞋子中有小石頭或沙子就會很痛苦，可能會踮腳尖走路

社交

1. 看起來孤僻，喜歡自己獨處（因為怕被人碰到），很怕癢，別人輕輕地碰到就會解讀成別人打他，不喜歡進入封閉或人很多的環境，像是電梯、隧道、車廂……等
2. 在家活潑好動，到外面就安靜內向
3. 不喜歡無預期被碰到的感覺
4. 對親近的人易怒，情緒轉換所需時間較久，生氣或傷心持續很久才會平復，常常會被感覺故意不講理

遊戲

1. 喜歡主導，自訂規則要他人遵守，不喜歡配合規則
2. 討厭會髒的遊戲（沙灘、泥巴、草地），會用嘴巴碰東西（因為手太敏感）
3. 很怕要互動的遊戲，例如趣味競賽、合作型遊戲，碰到他人就很痛苦，怕跟別人握手或牽手
4. 很怕要接觸東西的遊戲，例如各種球類運動或遊樂設施，所以只喜歡自己玩或跑
5. 對於生活中突發狀況的應變能力較差，會不知所措。

學校表現

因為怕碰到別人，排隊會在最前面或最後面甚至外面，討厭碰美術用品（膠水、貼紙、顏料），有潔癖的樣子、不愛拿筆寫字、工具使用能力不佳、常會因為他人碰觸而有攻擊行為或情緒反應大

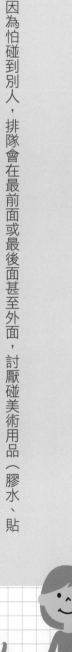

黃老斯想說！

其實我自己也有觸覺敏感的問題

其實黃老斯自己本身也有觸覺敏感的問題，在成長的過程中總是不瞭解自己為什麼會這樣，直到就讀了職能治療系後接觸感覺統合、神經發展這方面的知識，才開始覺得好像找到了答案，之後陸陸續續加上臨床觀察比對，才確定自己真的是這樣的個案。

從小我就很怕打赤腳或是腳接觸到空氣，所以根本不喜歡穿涼鞋，很喜歡穿襪子，就算沒出門也是一起床就要穿，甚至及膝的白長襪一直穿到小學六年級都脫不下來，很怕腳碰到東西，我常覺得鞋子裡有小石頭或沙，而且沙子、泥土我都討厭，更不喜歡接觸大自然或回鄉下。

人際互動方面也受到一些困擾，上學排路隊很怕老師要我們跟旁邊的小朋友牽手，很怕別人碰到我或是叫我的時候用筆、手指戳我，怕癢更是不在話下，所以有關肢體接觸的任何活動我都有點抗拒或找藉口不參加，到後來連有肢體接觸的運動我也不喜歡，所以有些想做的事情、想認識的人，我總是遺憾著沒辦法和他們有交集。

許多爸媽在意的挑食問題我也有，很多肉我都不敢吃，怕口感跟味道，食物的選擇也不是很多元，外食總是在吃固定的某幾樣，生活中會在意生活用品，像是桌子椅子、床的軟硬、棉被重量材質、衣服等，環境的溫度、濕度、通風、聲音也都會影響我的專注力，只要不對勁我就會生氣、不開心，或是很難好好讀書及做事，因此我只要出門總是會帶很多東西，來對應環境當中的變數。

不只是我的家人不解我為何會如此，我自己更是覺得莫名其妙，為什麼別人都可以，我就不行？我還不算很嚴重的個案，因為大部分的狀況我都可以忍耐，我能強迫自己在外面的時候適應環境，但內心十分痛苦，也遇過真的忍不下去或是後來出糗的情形，但這些對我來說根本是個謎，我不知道我怎麼了，為什麼適應環境如此困難？很怕到新環境遇到新的人事物，很不喜歡去人多的地方。

不過，我還是順利畢業，服完兵役，好好地工作至今了，甚至當我提及自己的狀況時，不少人還會訝異。

現在的我，還是有比較難跨越的部分，但我希望自己能更無入而不自得，因此在生活中開始練習提升自己的忍受度與接受度，所以我可以穿夾腳拖了、更喜歡大自然、到新的地方能很快適應身旁的事物、禮貌性的握手、擁抱都沒問題，因為我持續地練習，改變了我以前認為是天生的個性。

為什麼呢？因為人真的是可以改變的，這也是我想要寫這本書的初衷。大腦具有可塑性，經過不斷的接觸，會慢慢能適應，只是年紀越大，需要花費的時間越久，要下的決心也需要更大才行。

在治療室中，看過許多跟我類似的孩子，我完全可以瞭解他們的狀況及「被勉強是如此地痛苦煎熬，為什麼大人都不懂？」的內心感受，這些我都經歷過，所以我想幫助感覺調節還不夠好的孩子發聲，幫他們把心聲傳達給爸媽，更重要的是如何支持與協助孩子的方法，因為越早開始調整，越快能改善，很多內心的掙扎、在外面受到的挫折都能越少甚至不用經歷，並可以度過更愉快開闊的成長歷程。

職能治療師分析：

教養案例

教養案例分享二

為什麼孩子有時拖拖拉拉，有時又遲鈍地不會避開危險，爸媽該怎麼辦？

小動就快要成為小學一年級了，生活自理能力卻讓爸媽很煩惱，像是還學不會扣鈕子、拉拉鍊，出門穿衣服、褲子總是要花很多時間、拖拖拉拉都還不打緊，自己穿完根本是一場悲劇，有可能前後或是正反面穿錯，或衣服沒紮到褲子裡、雙腳的襪子不同，連穿鞋子也

是，怎麼練習或是眼睛看著穿都還是會左右腳穿反，甚至這樣走一整天都不會不舒服，更別說是綁鞋帶了，因為他總是無法好好拿著鞋帶而一直滑落。爸媽常因為趕時間或看不下去而乾脆直接幫忙，後來覺得這樣下去不是辦法，孩子眼看就要上小學了，但他怎麼教都教不會。

媽媽說：「我本來以為男孩子都是這樣，從學校回到家裡衣服髒兮兮是正常的，結果跟同學們比較後發現，他幾乎都是最髒的那個，每學期都要買新制服，不知道他到底為什麼可以弄成這樣也沒感覺，常常兩條鼻涕掛著回來都不會擦，不了解的人還以為我都沒好好照顧他呢！」

令媽媽心疼的是，小動受傷了都還不自覺，身上常有各種傷口，像是撞傷、小割傷、瘀青等，從小打針都不會哀哀叫，還認為他很勇敢，但現在看來是小動不太知道危險跟保護自己。

另外，老師跟媽媽都很不解，為什麼每天至少睡9個小時以上，在學校卻還會打瞌睡？「我擔心他這樣到了小學真的可以適應嗎？動作總是這麼慢，上了小學功課肯定寫不完……我好像應該要早點帶他來評估看看的，原先以為他可能長大就會漸漸好……」媽媽憂心忡忡地說。

【職能治療師臨床推理】

小勳的案例經評估後發現比較傾向於觸覺不敏感，或稱「觸覺反應不足」。

如同上一個小故事，不只是觸覺，其他感覺也會有反應不足的狀況，這是因為大腦對於一般感覺的輸入無法察覺，需要較強或較久的刺激才會產生反應，可能大部分情況都會看起來慢半拍、後知後覺，甚至不知不覺，此外，孩子的警醒程度（請參照P.130）比較低，容易昏昏欲睡、發呆，一方面不太會避開危險、不太會覺得痛，一方面則是看起來「無感」的樣子，甚至有遲鈍的感覺、輕微的觸碰會感覺不到（蚊蟲叮咬不會驅趕）。看起來很懶惰，簡單的事情也要做很久，拖拖拉拉、沒效率，一天就混過去了，讓旁人覺得很痛苦，若在學校做報告跟這樣的同學一組就會覺得很生氣，所以這也會影響到人際關係。

通常老師或爸媽都需要一直提醒他們該做的事，喚醒恍神的他們，甚至處罰，但孩子根本不知道自己怎麼會這樣呀！

此外，令人比較擔心的是孩子可能會受傷而不自覺或是無法預測是否會造成自身傷害，最常聽到的敘述就是：「好像不知道痛、怎麼摔都不會怕的感覺」，常有這樣的孩子後來發生意外。

在工具的使用方面，觸覺不敏感的孩子也很令人頭痛，但我們可以想像成自己帶著很厚重的手套卻要寫字、拿筷子等做許多精巧的事情，會很不敏銳，難度也很高，爸媽用這樣的方式來想像會比較能同理孩子的處境。

相信很多老師和爸媽都有遇過那種撞到、打到別人還不自覺的孩子吧？他們就有可能是觸覺反應不足，因為弄到他人的觸覺刺激還不足以讓他們的大腦接受到感覺，需要更強的刺激才行，

所以我希望大人們能瞭解有觸覺反應不足的孩子，之後遇到時請不要誤會或只有責備，而是能體諒他們，或是多用心觀察，若懷疑可能是有這樣狀況的孩子，請讓專業人士評估並給予建議。

【如果孩子有以下表現，可能有觸覺反應不足的問題】

飲食

魚刺、硬殼等食物入口較不會吐掉，可能會吞下喉嚨，吃飯吃到掉滿桌滿地或全身髒

穿著

比較不修邊幅，衣褲鞋襪沒有穿好，穿錯邊也沒感覺，髒了、濕了不會感到不舒服

自我照顧能力

1. 鼻涕、口水流下來、尿布濕了都沒什麼感覺
2. 從小不會怕打針、跌倒也不覺得痛，常會打翻東西
3. 知覺環境的能力較差，會在注意某事情時忘記顧及安全

社交

1. 比較固執於自己喜歡的做事方式，不想改變，反應與靈活度較差，不太會變通
2. 不想聽大人建議的捷徑、省力方式

遊戲

不太會預測什麼對自己會造成傷害，比如說告訴他裝熱水的杯子很燙不要碰，他還是會想要去碰，之後才會知道這樣很燙

學校表現

1. 常會在事情發生之後才理解狀況或是根本不知不覺，例如碰撞到同學也不知道
2. 對環境刺激的警醒程度（請參照P.130）較低，容易無精打采

職能治療師分析：

教養案例

教養案例分享三

為什麼孩子看到什麼都想摸摸看，喜歡咬指甲，爸媽該怎麼辦？

偉偉是個活潑可愛的小學一年級男孩。我看著一進來就到處摸來摸去的偉偉，跟我打完招呼後就在治療室跑來跑去、爬上爬下，速度快到我暫時只能在一旁看著媽媽連續地大聲遏止孩子，要他乖乖坐好、碰什麼器材前要先問過老師。

「媽媽，沒關係啦，我們先聊聊吧！偉偉你自己注意安全唷！玩具或器材你都可以拿起來用，但要是太危險的東西老師會告訴你先不玩，等我一起。」整個治療室瞬間變得很熱鬧，於是我趕緊這樣告訴媽媽。

當然這主要是想順便看孩子的表現，因為比起特別設計遊戲或標準評估流程請孩子配合施測，有時透過這樣自然的情境、孩子又沒什麼壓力的狀況來觀察，通常蠻有參考價值的，而且可以從孩子選的玩具來瞭解他。

偉偉在治療室中，什麼都想要摸摸看，媽媽表示他在學校常會擅自摸女同學的頭髮，到外面也是什麼都要拿起來摸，而且反覆不斷提醒他要徵求別人同意才可以碰，卻還是效果不彰，更困擾的是他在跟同儕玩的時候很容易出手太重，看起來根本像是攻擊行為，讓爸媽尷尬不已。

此外，鉛筆盒裡的筆末端都是偉偉的齒痕，到現在還是會咬指甲、吸手指，寫功課的時候很會摸來摸去，都不知道他在忙什麼，每天功課都要寫到晚上十一點。因為以上的種種表現，讓帥氣可愛的偉偉在學校總是被老師念、也交不到什麼好朋友，爸媽也一直被老師建議到醫院評估看看。

媽媽泛著淚光問我：「老師，我們偉偉是個性天生如此，還是真的有問題？或是實在是我們沒教好？他真的有需要來醫院治療嗎？」

【職能治療師臨床推理】

尋求刺激可能來自於對感覺的反應不足造成，如同上一個故事的描述那樣，容易無感，因此有的孩子就像是肚子很餓想找東西吃一樣，會想不斷地尋求感覺刺激，讓自己可以滿足、安定下來，若是觸覺的方面，就是想不斷摸或摩擦某些材質的東西、碰撞他人或物品、吃較刺激的食物（冰、燙、辣、麻）等。

有「感覺尋求」的孩子常常是為了維持自己的警醒程度（請參照P.130）與注意力，所以當他們在需要專心的時候（課堂上、寫功課），可能會更加追求感覺刺激，不了解的老師或爸媽就會想要制止自我刺激的行為或小動作，反而讓孩子無所適從。

舉個例來說，大人在工作時若比較無法警醒專注，也會想要提神而用感覺輸入來刺激自己，觸覺的話就像是吃點零食、嚼口香糖、喝水或飲料、捏、捶、按摩自己的身體等，在大人世界看起來如此正常的事，當孩子在教室或書桌前執行時卻因不被瞭解而常被糾正，產生負面情緒。

有時真的替孩子們感到不捨，所以真的希望老師、爸媽們能多觀察、確認並瞭解孩子的狀況再做後續處理。

【如果孩子有以下表現，可能有觸覺尋求的問題】

飲食

胃口不錯時有時候會不知道飽，可能口味比較重，喜歡酸、甜、鹹、冰的食物

穿著

特別喜歡抱和摸媽媽、愛撒嬌，有特別愛的衣服質料或要小毯子毛巾、布偶在身邊才安心

自我照顧能力

1. 各種自我刺激：喜歡拉頭髮、咬指甲、咬手指、手腕或手臂，也可能會咬著嘴唇、咬衣服或文具（鉛筆後端橡皮擦處）、吸手指
2. 喜歡玩口水，像是吐口水出來抹在臉上或東西上、地上等
3. 喜歡用手或身體其他部位到處摸來摸去，可能會未經他人同意就直接去碰別人的東西

社交

1. 比較喜歡打人、咬人，做事的時候沒必要的動作很多
2. 總是很忙，走來走去或把玩、搬動各種身旁的東西
3. 看起來大剌剌的
4. 跟別人講話時靠太近

遊戲

1. 看到人多或好玩的地方會異常興奮、想要尖叫
2. 喜歡自己跌倒或在地上打滾，撞人、撞牆
3. 膽子很大，不知道危險，不怕人多的地方

學校表現

1. 常會喜歡碰觸同學或捉弄、推擠等
2. 手中常常拿著某樣物品，像是積木、橡皮擦、釦子、小車子、小玩偶等

爸媽請注意！

孩子的觸覺經驗會影響觸覺靈敏度的發展

孩子從小的觸摸經驗會影響觸覺靈敏度的發展，一般我都會建議爸媽只要確保安全、不會受傷且乾淨衛生的情況下，都不要禁止孩子去碰觸各種物品、抓、拿、握、敲打、玩等的機會，因為這樣的經驗能讓孩子的觸覺發展更好，也有助於腦部與智能的成長，但有些爸媽可能會因為來不及、沒有佈置合適的環境等各種原因，而禁止孩子碰東西，甚至還因此對孩子的行為感到不解，覺得孩子為什麼都不會乖乖聽話，一定要這樣摸來摸去。

比起開始協助或想改變孩子，尤其像是會過度反應的人，並不是一味地鼓勵他們多接觸就可以了，首先還是一定要很有耐心地瞭解孩子的特性、喜歡什麼、害怕什麼，慢慢地讓他們接觸世界的廣度增加，需要花費一些時間練習與等待，大人也是一樣，若想改變觸覺習慣的話，都需要循序漸進，不斷地累積。

舉例來說，曾有爸媽因為認為孩子有觸覺防禦的問題，自行看書之後就每天每隔兩小時用刷子幫孩子刷背10～20分鐘，孩子有不舒服的反應爸媽卻仍舊按表操課，因為他認為這是想要改變的必經過程，結果孩子的狀況並未改善，還造成了親子關係的緊張。

感覺調節的調整有許多細節，像是頻率、強度、持續的時間與種類、方式等，是需要嘗試、評估及臨床經驗的，如果沒有拿捏控制好，反而在讓孩子得到害怕或恐懼的感覺之後要再介入就會比較辛苦，孩子會有「一朝被蛇咬，十年怕草繩」的感覺。

爸媽一起來！

促進觸覺發展參考小遊戲

遊戲1 黏土遊戲

1. 使用麵團、黏土、陶土做成各種形狀：長條、搓湯圓、壓扁，做捏麵人
2. 把彈珠或小釦子包在黏土中請孩子挖出來，可利用麵團、黏土的黏度與大小調整孩子的感受及使用力量，亦可使用不同材質的黏土、紙黏土……等

遊戲2 爸媽的小幫手

1. 烹飪：透過各種不同質地的食材讓孩子接觸感受，根據孩子的能力來幫忙清洗、盛裝、整理，做麵包、揉麵團也是個很好方式
2. 家事：打掃、整理衣服和玩具，自然地接觸各種材質
3. 園藝活動：幫忙種植或照顧植物，藉此接觸泥土、植物、石子及不同工具的使用

遊戲3 藝術大師手指畫

1. 可用手沾水彩來著色、印指印
2. 粉彩筆、蠟筆畫了之後用手推開顏色或拓印硬幣、樹葉
3. 其他媒材：玩沙畫、泥漿，用筆的話可使用不同粗細、大小、形狀的筆

遊戲4

拍打泡泡

自製安全的泡泡水在吹泡泡之後用手拍打，讓孩子習慣接觸稍微有黏性的水，練習吹的過程可刺激口腔

遊戲5

球池尋寶

球池玩法很多，盡量是動態、有趣地玩，觸覺敏感的孩子建議不要一開始就立刻全身進去球池。

1. 純粹進球池「游泳」，感受球給身體的刺激，可用跳水的方式進入，根據孩子的狀況也可調整孩子進球池所穿著的衣服或長短
2. 可把不同材質或大小的玩具、物品丟入球池，請孩子找出來

遊戲6

大海撈針

器皿可先從紙盤、托盤，到深一點的盒子、箱子，慢慢加深到將手腳放入的深度。

在器皿內倒入不同的東西：先選基底（沙子、米、豆子、彈珠、彩色小石頭、乾的螺旋義大利麵），可以單純或混合，由小到大，從較細小、光滑的顆粒開始，孩子比較不會排斥，之後再放入不同的小東西，讓孩子可以找出來，像是小水晶、紙牌、小玩具車、積木等

遊戲7 不同材質的物品增加觸摸經驗和手部動作

1. 單純摸彈珠、項鍊、平滑表面的玩具
2. 捏、丟接不同硬度的彈性、顆粒球及海綿
3. 各種材質與大小的玩偶（填充玩具、塑膠材質、有彈性的玩偶等）
4. 玩會震動的玩具

遊戲8 肢體接觸的遊戲

可玩習慣或常用的遊戲，例如：

1. 炒蘿蔔炒蘿蔔切切切
2. 用手腳擊掌遊戲，聽歌曲打拍子
3. 在手心、手背或背後寫字、畫形狀猜猜樂
4. 身體部位拳
5. 各種手指遊戲

遊戲9 大腸包小腸（深壓覺遊戲）

用軟墊、毯子或棉被裹住孩子頸部以下的身體，5～10分鐘後稍微按摩或是請孩子滾動身體把被子鬆開，可使用不同的材質來包，記得剛吃飽或情緒不佳時避免使用，也避免壓到頭部或胸部，這是一種深壓覺的感覺刺激

遊戲10 操作類玩具

使用可以拉拔、擠壓、組合的串聯玩具，像是不同大小與材質、形狀的積木、花片從各種方向相接

遊戲11

日常生活

1. 睡覺時可穿著舒服有重量的衣服或被子，避免穿太寬鬆、輕薄的衣服，穿貼身一點的衣服讓皮膚被包覆
2. 看牙醫或剪頭髮前先提供重壓按摩或深壓覺刺激
3. 嘗試洗泡泡澡，可讓孩子自己使用沐浴乳，或是擠在洗澡的海綿、洗澡毛巾搓出泡泡自己來洗，從手腳開始往中心
4. 擦身體乳液、凝膠或爽身粉
5. 按摩孩子的手掌、手指，口腔敏感的孩子，可按摩口腔內側
6. 幫忙互相梳頭、吹頭髮（順著頭髮生長方向）

【遊戲中須注意的小提醒】

・有觸覺狀況的孩子應如何布置遊戲環境

❶ 準備足夠的空間：避免意外碰觸，安全第一，觸覺敏感的孩子也會比較安心。

❷ 舒服的場地：比較敏感的孩子特別需要注意溫度適切、乾淨整齊、安靜較無噪音或其他干擾，沒有時間壓力，並可在舒服的軟墊或是毛毯上進行遊戲。

・有觸覺狀況的孩子應如何給予刺激方式

❶ 讓孩子可預期：從前方，避免從後方，或是碰觸前要告知孩子。觸覺敏感的孩子先避免從後方摸到臉、脖子等處。

❷ 從手臂和腳開始即可：不需要全身都提供觸覺刺激就能達到效果，刺激的過程一邊告訴孩子目前在觸碰的位置。

❸ 使用穩定的深壓或觸碰，避免輕撫：因為像是輕撫這樣的輕觸覺刺激，反而會讓觸覺敏感的孩子不舒服，而觸覺反應不足、觸覺尋求的孩子則會沒有感覺。

・有觸覺狀況的孩子爸媽在遊戲時的態度

❶ 見好就收：孩子願意玩的時候就玩，若他表示不願意或表情不對、沒有耐心時就立刻停止，以免讓這次經驗變得不愉快。

❷ 盡量不干涉：遊戲只要確保安全，其他過程盡量讓他們能自由地玩和發揮，爸媽可藉此觀察孩子的喜好。

❸ 不強迫：孩子不想碰的東西就不強迫，循序漸進，透過觀察與嘗試找出孩子適合的材質、物品或玩具，並以此當做開始。

❹ 允許孩子的需求：尤其是觸覺敏感的孩子，先讓孩子自己選擇觸覺刺激的種類、部位、所需要的時間、接觸頻率，之後再慢慢增加強度是不二法門。

・有觸覺狀況的孩子爸媽在遊戲中可教導的內容

對於觸覺尋求的孩子需要教導孩子尊重他人的身體及物品，也要教導孩子用表情或說話來表示自己的感受。觸覺敏感孩子的狀況，爸媽則需要告訴他人尊重孩子不想被碰的需求。

以上在進行促進觸覺發展的遊戲中要注意的部分都大同小異，但對於觸覺比較敏感的孩子就特別需要留意囉。

爸媽請放心，
黃老斯要跟你說

別急著先教孩子，讓日常生活成為孩子感覺刺激的好教室

日常生活就是一個充滿各種感覺刺激的地方，身為職能治療師的我常會在自然的情境下觀察孩子都自己做些什麼、玩些什麼？或是避開些什麼？會不會保護自己？比起告訴他們玩法或是規則，我更想看他們怎麼探索環境。

但照顧者卻較少這樣觀察，通常大人願意等待的時間不多，會想趕快教導孩子怎麼玩或告訴他們方法（不知道在急什麼……）爸媽少了觀察過程，只有發現結果，加上給予許多協助或限制，孩子練習與得到刺激的機會漸少，所以即使

隨著時間過去長大了，卻未必會漸漸好，也不會因為長大就具備該有的能力。

觸覺的發展很需要累積經驗，接觸的種類、範圍與時間都是，現在的爸媽不論是否居住在都市，多半給予孩子的保護都太多，若在托兒所或給保姆帶大的孩子，所能得到的刺激量很難預測，而從臨床經驗發現大部分是偏低的，自己在家帶孩子的爸媽若沒有經過學習、不太會玩小遊戲、沒創意或嫌麻煩，可能給予孩子的刺激也就很有限或是種類侷限在某幾種類型，甚至不少孩子是在遊戲間自己隨意地玩、看著手機平板與電視讓媒體陪伴成長的，然後爸媽為了方便快速與安全，常強制地要求孩子搭配每個當下的狀況，但並非每個孩子的身心發展都能很好地配合爸媽的指令，於是就出現了衝突，可能無形中造成或大或小的傷痕。

建議爸媽在日常生活中根據發展年齡的能力，在不趕時間的時候多讓孩子練習生活能力，就像自己穿鞋襪，不是在趕著出門時才開始練習，若執行困難，爸媽可以在孩子做的過程中觀察是手的動作不靈巧、不協調、沒力氣，還是怕材質。

因為每個人的狀況不盡相同，基本上在這裡只是提供一些臨床經驗與表現讓爸媽們能思考並觀察看看身邊的人或孩子是否有此情況是需要協助的，若各位閱讀後覺得有所疑慮想要確定或是在陪伴、協助孩子過程中希望能有更確實的執行方式，不妨可以請專業人士幫忙唷！

提供觸覺刺激的黏土遊戲

爸媽可先示範給孩子看，帶孩子一起進行遊戲喔！

1. 尋寶遊戲

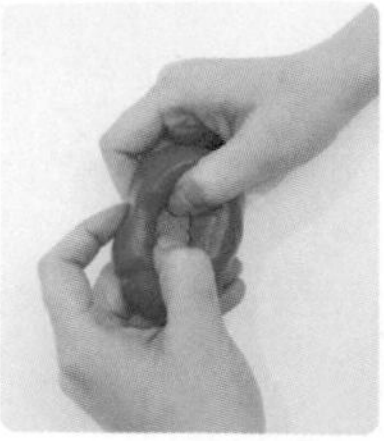

訓練目標：把物體包入黏土中，讓孩子翻找出來，能提供很多觸覺刺激經驗。

示範黏土：硬度為「中軟」的運動黏土。

遊戲方式：在黏土中包覆小物體或玩具（如：釦子、豆子、珠珠、彈珠、花片、小模型等），請孩子挖出來。

◆參考玩法：

玩法①：包入黏土中的物體選擇先由大到小（例如：彈珠→大豆、花豆→紅豆、綠豆），之後可以混合大小不一的物體。

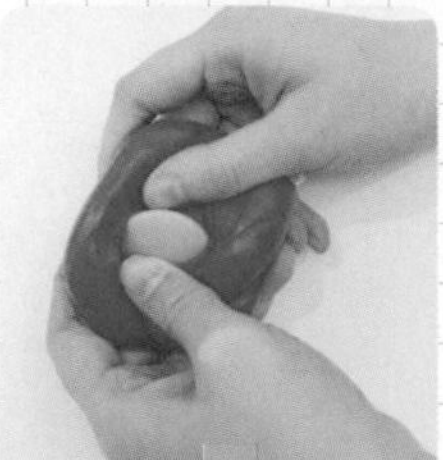

玩法②：可以先由「爸媽包、孩子找」進階為「孩子自己包，自己找」。（可讓孩子包自己喜愛的玩具喔！）

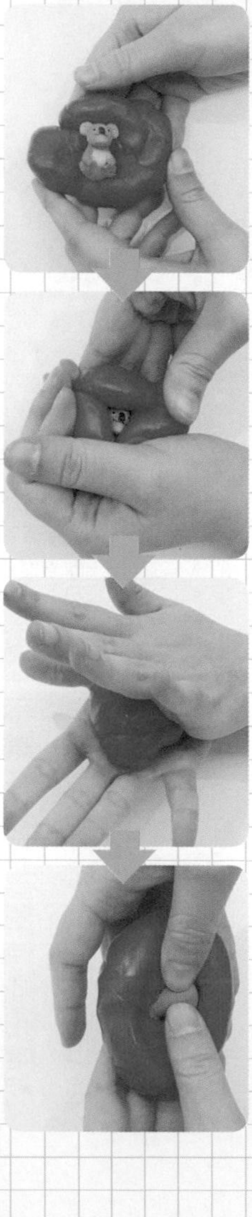

玩法③：爸媽可以和孩子比賽同一時間內，看誰找得多。

玩法④：在黏土中包入不同的物體，規定孩子只能找出指定物（如綠豆），其他不可拿。

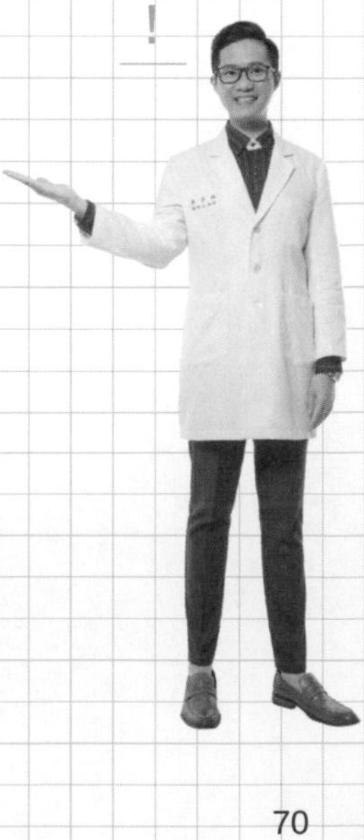

2. 桿麵印花

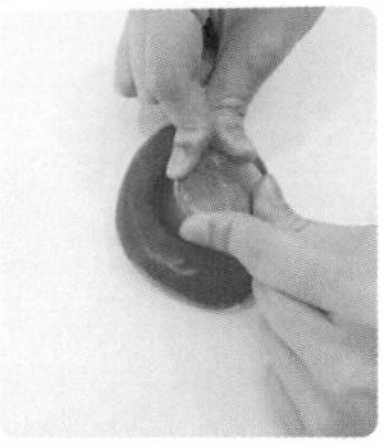

訓練目標：藉由工具的使用，增加更多觸覺經驗與回饋。

示範黏土：硬度為「中軟」的運動黏土。

遊戲方式：使用各種工具在黏土上做出壓痕或不同形狀。

◆參考玩法：

玩法①：黏土做成球狀或長條狀後，用鉛筆、小木棍、筷子（由粗到細加強難度）桿平，黏土球越大越難桿平、黏土條越粗越難桿平。

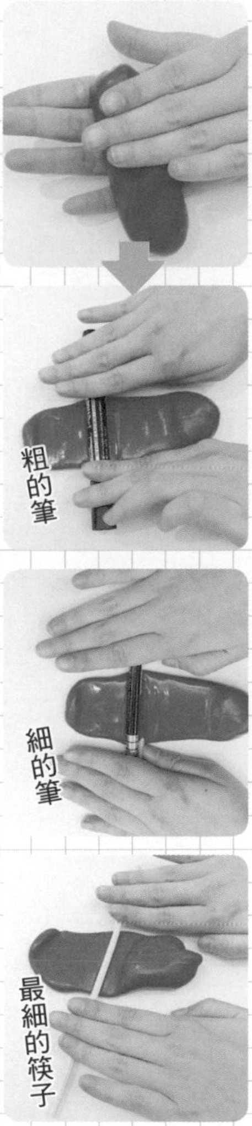

桿平後，用叉子、吸管、筆蓋、各種有紋路的物體，在黏土上印出深淺不一的紋路。

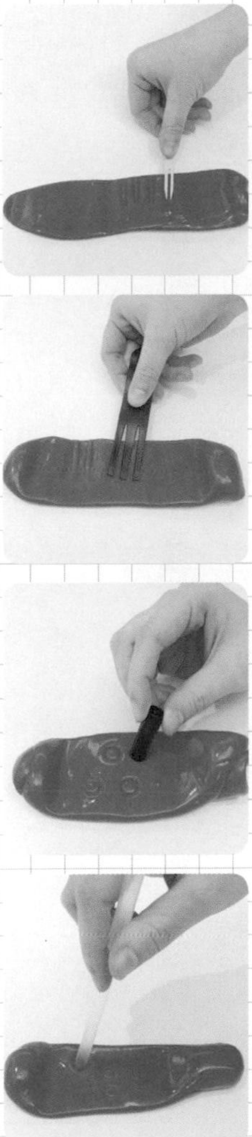

◆前庭覺篇◆

什麼是前庭系統？

前庭系統（Vestibule）主要的功能是偵測身體的動態（頭部位置的方向變化及速度），所以人的頭部與身體姿勢的控制與穩定、平衡、肌肉張力、身體兩側的動作協調、維持眼球穩定的視覺和警醒程度（請參照P.130），都與前庭系統相關。

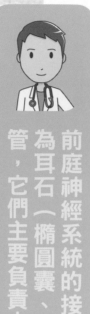

前庭神經系統的接受器位於內耳的構造中，其分別為耳石（橢圓囊、球囊）以及外、前、後三個半規管，它們主要負責人體的平衡感，包含：

橢圓囊

- 靜態平衡：耳石的重量直接施加在纖毛（受器）上，負責偵測頭部及身體在空間中的位置、姿勢控制的訊息
- 水平方向的直線加速度（加速或減速）、持續性動作、低頻的刺激，緩慢的頭部移動

耳石

- 產生張力性反應：下方承重肢體的伸直、上方承重肢體的彎曲、直立姿勢下頭部及上軀幹的穩定（Fisher,1989；Roberts,1978；Wilson & Melvill Jones,1979）
誘發張力或支撐活動

球囊

- 垂直方向的運動、重力變化、震動

三個半規管

（三者互相垂直）

- 動態平衡：旋轉（幅度與強度）、原地旋轉、向前向後轉、向側面轉，偵測頭部在空間中的運動，計算後讓身體可以平衡
- 對側上方承重肢體的彎曲、直立姿勢下頭部及上軀幹的穩定
- 瞬間的各種反應姿勢

前庭神經系統的功能：

功能1 維持靜態與動態的平衡

1. 抗重力的動作，大部分是伸張的動作
2. 幫助我們在失去平衡的時候可以把身體調整回來不會跌倒或歪斜
3. 容易暈車、暈船可能是動態平衡調節能力不佳

功能2 維持姿勢

控制與穩定在一個自己想要固定的身體姿勢

功能3 雙側協調動作

可以做好跨身體中線的活動，使左右側好好合作

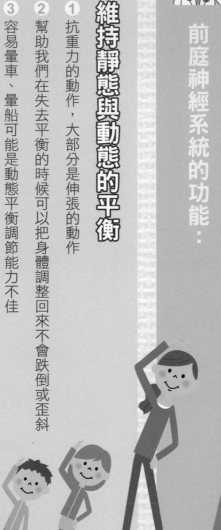

功能4

眼球動作

1. 前庭——眼球反射，控制眼球動作、頭部的位置與身體肌肉的張力
2. 讓眼球能清楚對焦。像是抄黑板、閱讀，眼球能在頭動來動去的時候快速有效率地找到對焦的地方

功能5

肌肉張力

幫助發展與維持正常的肌肉張力

功能6

大腦警醒程度（請參照P.130）

1. 提高警醒：快速或突然改變方向的前庭覺刺激可以活化大腦的網狀神經系統，使人精神亢奮，如嬰兒抱起來飛高高會開心
2. 降低警醒，安定：規律、輕鬆、緩慢的前庭覺刺激可以降低神經警醒，讓人感覺安定、放鬆，如抱著輕輕搖晃、坐搖搖椅輕輕搖

前庭覺的調節不夠好時可能會出現的狀況不一定只有前庭覺這單一原因，可能會加上視覺、觸覺或本體覺等不同組合的調節問題，而且狀況不盡相同，程度也有所差異，甚至有的是表現狀況一樣但背後引起的原因不同，一切都需要經過仔細的臨床觀察、各種不同的評估及確認許多環境變因才能找到方向，所以要系統化的分類所有情形真的不太可能。

從行為表現做出臨床推理腦部可能的情況，這整個過程真的很需要專業和經驗，也需要不斷地測試與再確認，所以我們常常無法立即斷定或判別每個人的狀況，更別說是非專業人士了。以下只是分享幾個比較確定方向的臨床小故事，幫助大家稍微理解孩子的表現後面可能的原因，有疑慮的話，建議一定要找專業人士確認。

職能治療師分析：

教養案例

教養案例分享一

為什麼孩子時常逃避新事物及挑戰，愛哭、愛生氣又愛鬧彆扭，爸媽該怎麼辦？

看起來文靜害羞的5歲男孩凱凱，第三次到治療室才敢進來坐在地墊上。第一次來的時候只會大哭，根本不肯靠近，第二次則願意接近門口，但始終不願把腳步踏入室內，所以我便過去坐在門口陪他玩簡單的積木，前兩週我們都在門邊待了一個小時，直到這次終於願意進來治療室瞧瞧了。

「只要帶他去親子館或是什麼樂園的地方都是浪費錢，因為他什麼都不敢玩，怎麼說、怎麼陪就是不敢。」爸爸在評估的閒聊中說了一句無奈的話。

其實凱凱對於靜態的玩具與遊戲都很喜愛，平常最愛組合火車軌道、積木、塗鴉及看繪本等，爸媽覺得以一個男孩來說，凱凱的運動量似乎有些不夠，所以除了很盡心盡力地在假日安排出遊之外，平日晚餐後也會帶孩子到公園或附近小學玩一陣子，算是很用心的父母。

「對於照顧孩子，照理說，我們應該沒有少做什麼，但凱凱怎麼還是這麼怕接觸新環境呢？我們自己小時候也沒有這樣呀！」爸爸表示很疑惑。

評估後發現凱凱不論是大動作或是精細動作的發展都比較慢，因為他總是只做自己喜歡與擅長的事情，逃避新事物及挑戰，刺激量和練習度不足的關係造成發展比同年齡的孩子有點輕微遲緩，並非生產過程、腦部狀況或基因疾病等問題所致。

臨床觀察三次及各種評估再加上爸媽的主

訴，確定凱凱對前庭覺的刺激反應過度敏感，平衡感很差，走在稍微凸起的地面都可能會跌倒，所以他喜歡穩定、不需要移動太多位置的活動，而環境當中有前後上下左右的搖晃、旋轉或動作時，他就會非常害怕、手心出汗、不停眨眼，情緒也會很激動，常常問：「會不會掉下來？會不會跌倒？」或說：「這樣很危險欸！」嚴重的時候甚至會大哭、大叫，需要安撫很久。爸媽說，他再小一點的時候，甚至連搭電梯與手扶梯都不敢，更別提盪鞦韆這類型的活動了，現在的公園或校園已經很少鞦韆了，好不容易看到一個，我們興沖沖地想帶他玩，結果都5歲了還是一直呼天搶地……

不只如此，凱凱情緒陰晴不定，前一秒還像天使一般，後一秒說翻臉就翻臉，在幼兒園也讓老師們傷透腦筋，凱凱也常不願意加入活動，尤其是唱遊課，老師們雖然很努力地個別教導，但有時仍會為了團體活動順暢度而先讓他在一旁安靜地做自己想做的事。

媽媽補充說凱凱總是看起來很累的樣子，也常常說累，走路走到一半就耍賴不走，我告訴爸媽，若是前庭覺調節不佳，會造成肌肉張力偏低，所以他可能花了很多力氣在適應環境，能量耗盡就容易疲憊又情緒不穩。

治療兩個月過後，有次在下課時爸爸告訴我，凱凱有天突然對他說：「我很喜歡黃老師，因為，黃老師會等我。」我感動地會心一笑點點頭說：「這個世界需要有人懂他才行。我們多給他一點時間吧，會進步的、會更好的！」

【職能治療師臨床推理】

凱凱的例子經過評估後發現這些行為背後眾多的原因中，前庭覺反應過度的比例較高，而凱凱是偏向前庭過度反應中常見的重力不安全感。

對重力的安全感是情緒和行為發展的基礎，我們從出生開始，身體就不斷和重力（地心引力）互動，成長的過程中花了很多力氣在學習如何對抗、感受重力後控制身體，像是我們熟知的發展里程碑中，寶寶要經歷的抬頭、翻身、坐起來、站立到走路等，隨著與重力共處的經驗越來越豐富，就能更游刃有餘地從事更多活動。

前庭神經會接受視覺、脊椎、小腦的訊息，整合產生眼球動作，若對來自耳石器官（橢圓囊和球囊）的前庭訊息（與重力和直線運動有關）過度敏感的話，就會很怕姿勢改變，一點點高度都會害怕，並可能會有以下情況：

❶ 身體定位概念不佳：

常會錯估身體在空間中的位置，總是覺得自己快要掉下去了、快跌倒了、快摔跤了，明明不會跌倒也沒有危險，卻很有危機意識，跟身體處在的確切位置無關，而是大腦接收到前庭傳來錯估訊息，同時也會恐懼搭乘電梯或手扶梯、要爬的遊戲或遊樂設施、盪鞦韆，甚至會害怕需要把腳抬離地面的事情，喜歡腳踏實地，通常請他原地上下跳的時候，他的腳都還是在地上。

❷ 需要轉換兩個或以上相同事物時會感到害怕：

如上下各種交通工具（包含汽車、機車、推車、公車、捷運等）、上下樓梯及進出電梯、上下斜坡（包含無障礙空間的斜坡、公園的小土丘、凹凸不平的地面、拱橋）、轉換不同材質會使其重心不穩的平面（一般的路↓沙坑或泥土地、地板↓地上的軟墊等）。

❸ 容易抗拒頭部及身體姿勢的改變，像是後仰洗頭：

頭部往上像是需要跳躍的動作或運動，很多球類運動都需要跳躍，跳繩或遊戲也常有往上的動作；頭部往後像是需要後仰的動作，爸媽幫忙洗頭時、坐可以後仰的椅子會覺得會摔下去，也會抗拒一些像是體操或武術會做的倒立、翻滾、翻單槓、下腰等運動，所以遊樂場所中很多器材都會讓這樣的孩子感到恐懼而避開。

因為在生活中就是這麼害怕、焦慮，所以動作會越來越慢，越來越小心翼翼，久而久之就會排斥要用到肢體的活動，但從小就這樣的話，會影響到大動作的發展，漸漸地就會拒絕探索環境、嘗試新事物及接受與同儕互動的機會，之後可能會被嘲笑是膽小鬼，而自信心低下。

如同之前提到觸覺敏感的孩子一樣，感覺過

度反應（感覺防禦）的孩子們，會為了避免這樣不舒服的感覺而逃離刺激，所以在遊戲或生活中也會想辦法主導遊戲的規則，主導大人規定的生活常規，不想聽指令行事，常會拒絕大人的提議，讓家長覺得很掃興或憤怒，其實若能瞭解背後的原因，就可以體諒並好好幫助他們了。

【如果孩子有以下表現，可能有前庭覺反應過度的問題】

穿著

穿褲子容易失去平衡、穿脫衣物很不專心（因為要保持平衡）

自我照顧能力

1. 喜歡保持頭部直立，不喜歡頭的姿勢改變（如前傾、後仰），所以洗頭時會讓他們很害怕
2. 很怕上下樓梯，需要緊抓扶手才會覺得安全，也很怕左、右一腳一階交替上下樓梯
3. 很怕別人改變他習慣所處的位置
4. 不喜歡搭交通工具，轉彎或速度改變都會造成他不安

社交

1. 不喜歡跟別人互動
2. 怕被人移動，會有壓迫感，所以不喜歡別人在他做事時靠近
3. 為了確定自己的安全，很需要大人保護或是要他人按照自己的意思來做

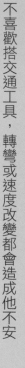

遊戲

1. 不喜歡運動，在運動場會焦慮、討厭去遊樂場或公園，或是去之後願意試的器材很少，嘗試一下就說怕、不敢、不行了
2. 玩的時候很怕被別人撞到、推擠，很怕跌倒，大人會以為孩子很怕皮肉痛，怕高、怕走在高低不平的路上、怕從高處跳下去、不敢雙腳離地跳
3. 很依靠視覺來維持平衡、不喜歡冒險的活動、盪鞦韆時腳一直去剎車、丟接球會覺得眼花頭昏，比較不願去嘗試翻筋斗、翻單槓、攀岩、直排輪、游泳、腳踏車，害怕與速度跟旋轉有關的活動或遊戲

學校表現

1. 在學校遊戲時要重新訂規則讓別人遵守，他人常會覺得他不合群、不合作，人際關係易受到影響
2. 肌肉張力較低，很容易累、移動頭部時容易失去注意力
3. 平衡感差，容易重心不穩

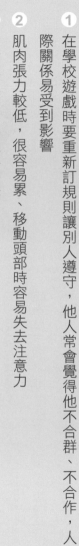

前庭覺調節不佳的孩子，未必都是天生注定的

說到前庭覺，黃老斯自己也有狀況，我是偏向反應過度的個案，在穿脫褲子的時候常常會重心不穩，搭手扶梯時常會覺得快掉下去，一開始以為是腿部肌肉不足或暈眩，但後來才知道是前庭覺和本體覺的原因。

我的平衡感向來都不好，很怕速度太快的遊戲和運動。大隊接力或跑百米時，常會覺得自己快要跌倒，盪鞦韆時也很怕別人從後面幫我推高，翻單槓苦練多時到現在也無法突破心防，不乏有人說我膽小，好聽一點就說是文靜、書生型，但其實真的讓我很不開心……

以前去遊樂園，真的敢玩的器材少之又少，都是為了面子硬著頭皮上去，雖然我游泳游得還不錯，但始終不敢跳水，不論高度多少，我都只敢走旁邊樓梯下去。還記得第一次搭飛機時，真的緊張地快要窒息。騎機車也都不會騎很快，常常讓朋友們很驚訝，我過彎都是規規矩矩，根本不敢壓車，換輪胎時機車行老闆也覺得神奇。雖然我騎腳踏車跟溜直排輪都看似很順利，但我始終都不敢競速或用直排輪玩鬼抓人的遊戲，即使已經很熟練了仍有時會突然害怕起來……

以上種種，都沒有影響我的學業與工作表現，而且沒有接觸特別刺激的事物時，根本不會有人發現我內心的狀態，還是能好好在社會上生存。

但要說我生活得很自在嗎？其實不盡然。

從小就開始遇到的這些情形，我都很不解，為什麼別人能，我就不行？為什麼我需要常常在內心對自己呼喊：「不要害怕！」而我到底又是在怕什麼？我也好想要跟他們一起開心地玩、盡情地體驗人生與各種新鮮的事物，但我就是會怕，難道我天生願意這樣嗎？我只能無限迴圈般地質疑自己。

因此，前庭覺調節不佳的孩子，不論其嚴重程度我都徹底瞭解他們的內心、想法、生理狀況，在給予他們刺激的時候也特別精準，所以他們都很喜歡我，因為我知道他們什麼時候需要等待；什麼時候已經怕了、夠了；什麼時候還需要更多，他們常常說不出口的感受，我都能體會；他們無法表達的心情，我都能幫他們告訴家長，因為我也是這樣長大的。

說不定現在有讀者跟我有類似的情形而心有戚戚焉，感統失調不嚴重（對，我這樣不算嚴重啦）的人，長大就是這個樣子，變成自己的一種性格，上述的情況可能有人覺得：「沒什麼吧，不過就是自己的個性、特質或個人喜好與興趣嘛！」但對我來說是一種界限，自信心、人際互動與生活或多或少是有受到影響的。

所以才要分享本篇「爸媽請放心，黃老斯要跟你說」的內容（請參照P.098），一方面告訴家長，孩子的表現未必是天生注定的，很多情形是可以在早期經過調整後翻轉改變的，若黃老斯從小有被評估及職能治療介入的話，想必應該會比現在大器一點（內心的小遺憾）；但一方面我也想告訴像我一樣或是有各種感覺統合狀況的人，不要灰心，除了試著接受這樣的自己之外，也可以慢慢地循序漸進訓練自己，能夠接受的閾值（threshold）範圍會因此慢慢提升的，很多以前我不敢嘗試或害怕的事物，後來都越來越習慣、越來越不恐懼了，現在去遊樂場都能滿場跑，搭飛機也很自在，雖然對有些事物仍存有心防，但至少面對新的挑戰與嘗試不會總是逃避或擔憂，瞭解自己之後願意去改變，還是很有希望的！

職能治療師分析：

教養案例

教養案例分享二

為什麼孩子又不是過動兒，卻總是靜不下來，而且動作粗枝大葉，爸媽該怎麼辦？

「因為學校老師說小孩好像有點過動、注意力不好，建議家長帶來醫院評估，所以最後我們想說還是乾脆來看一下。」這句話是我在跟家長訪談時很常聽到的一句開場白。

為什麼呢？因為老師與家長通常很在意孩子的「專注力」，所以這點常是孩子來到醫院的契機，殊不知影響「專注力」的原因如此地多，需要好好抽絲剝繭地評估才能找到原因及各方面影響的比例。

小學二年級的阿成給人的第一印象就是一個陽光男孩，笑容可掬又活潑，只是跟他講話時要他好好靜下來看著你、聽你講完，難度很高，因為他的目光總是被別處的某個東西吸引，而且想要跑來跑去、玩這個玩那個。

「黃老師，我可以玩這個嗎？」玩不到三分鐘就會想換下一個玩具而不停詢問我的阿成笑著說。

媽媽說他從小到現在都很喜歡轉圈圈，搖身體也不會暈，但別看阿成這樣有活力又喜歡冒險做危險動作的樣子，其實他的體育表現沒有很好，球類運動技巧都比男生同儕差之外，平衡感也很不好，走路常跌倒也常受傷。「他從小就是常常受傷、骨折，甚至破相，眉毛還縫過好幾針，出門在外動作又快，我根本攔不住，所以乾脆都盡量不外出，很怕又受什麼傷。」媽媽如此說道。

阿成在教室裡走快一點都會撞歪同學的桌椅，或者放學排路隊時書包也會甩到旁人而全然不自覺，所以同學們都覺得阿成很粗心大意，好像很故意捉弄他們，給人調皮搗蛋的印象。此外，阿成總是難以靜下來的樣子，有時會影響班級上課的狀況，在學校常被老師提醒或糾正，加上動作表現沒有很流暢，同儕們都沒有很喜歡跟他一起遊戲，阿成的心情因而受到影響，挫折忍受度下降，動不動就說不要，常問爸媽為什麼自己總是做不好。其實經過我們職能治療師評估過就知道：孩子被說是過動，真的很無辜。

「媽媽，既然這樣的情況在阿成讀幼兒園時就已經發生了，為什麼小學二年級才來呀？」即便我應該大致猜得到回答，但還是想確認一下。

「我以為男孩子活潑一點也沒什麼嘛！加上又沒有嚴重影響到學業或人際關係。小學一年級後情況雖然有變嚴重，但我認為應該是他還在適應，直到我去學校跟其他家長道歉或找老師的頻率變高、功課開始越寫越久、孩子越來越不開心，我才決定要好好面對這一切。」

阿成算是比較典型的例子，不少案例都是孩子很小就有點狀況，但家長卻等到孩子小二或小三才來諮詢，其實早點確認問題並介入的話，有些苦是根本不需要經歷的。

【職能治療師臨床推理】

經過評估後發現阿成會這樣表現的主要來自感覺統合不佳，可能原因是前庭覺的反應不足，因此會尋求刺激滿足自己，還有一種可能是成長的過程中，阿成一直以來所接收到的前庭覺刺激不足。

阿成給人的印象就是動來動去，很難靜下來吃飯、聽故事、寫作業，持續動個不停，很像電都用不完的電池一般，喜歡攀爬、撞東西、往上往下或原地跳、翻筋斗、在地上滾等，所以注意力連帶被影響，學習效果也不好。

這樣的孩子若沒特別處理，按照每個人不同的程度，有些成人後狀況會好一點，因為大人會找策略讓自己適應環境及專注，像是讓自己多動動、起來上洗手間、洗臉、喝水等；有些成人後則是演變成沒有耐心、不耐煩、容易生氣、有無名火等個性。

他們在成長的過程中很容易被誤會是「過動」，但這兩個字對不是真的過動的人及家庭都是很沉重的包袱，甚至不少人覺得是汙名。根據推理後假設的原因給予感覺調節的策略，孩子就會減少想要去滿足前庭覺的需求，行為、學習與專注力都改善了。

「多運動」確實是給予前庭覺反應不足個案的主要建議之一。

我聽過不少人說：「只要多帶孩子去走走、多運動、多跑步、跳繩之類的，他們就會好多了、就會專心了！」不少問題是跟缺乏運動有關，但也有很多問題不是只加強運動就能解決。「運動最補」確實沒有錯，但若能更精準地選擇運動的種類，並在強度、頻率、方式都兼顧孩子的需求，絕對可以事半功倍，所以一定要讓專業人士確認問題並給予建議，合適的方法就如同帆船的帆，因為是核心所以能順利達到預期的效果。

【如果孩子有以下表現，可能有前庭覺刺激尋求的問題】

飲食

吃飯時常常動來動去，無法好好坐著，小時候可能要大人追著餵飯

自我照顧能力

因為追求刺激的危險動作所以身上常有大大小小的傷

遊戲

1. 在運動場會很興奮，喜歡用跑步代替走路，很喜歡在沙發或床上跳、坐搖搖椅或旋轉椅，很喜歡轉圈圈，都不會暈
2. 喜歡倒立、翻滾，去遊樂場都喜歡快速旋轉的設備：咖啡杯、雲霄飛車……等
3. 喜歡跑來跑去、爬上爬下，喜歡盪鞦韆盪很久都不肯下來，不論室內或室外都會做危及安全的活動

學校表現

1. 總是很衝動的樣子，先做了之後才想
2. 看起來總是動個不停、坐不住，在椅子上會搖來搖去（用椅子兩隻腳後仰），上課中間想要起來走走（自我刺激），常搖頭晃腦（為了提神）

面的反應，家長一定要特別留心注意，並且可找專業人士諮詢一下。

所有的感覺刺激都不要勉強，過猶不及，反應過度的孩子就讓他們慢慢適應，反應不足或是有尋求刺激的孩子，就在安全的狀況下盡量讓孩子滿足。

爸媽請注意！

該如何促進孩子的前庭覺發展？

前庭覺的刺激主要靠的是瞬間的加速或減速晃動，不論是直線或是旋轉的方式，為什麼是瞬間呢？因為刺激過後身體就會適應，所以需要依照孩子的狀況及需求來調整。

針對失調的孩子所進行的活動，實際操作的方式請找專業人士建議，以免造成不必要的傷害或是沒有預期的成效。此外，若做前庭覺相關的遊戲或活動，過程中調節不佳的孩子會容易對重力產生恐懼感，可能嚴重的情況會影響到行為或情緒，有的孩子甚至會有噁心、想吐的感覺或反應，而且不見得會在刺激的當下立刻出現，有的可能會在活動結束後1～2小時才開始出現負

爸媽一起來！

促進前庭覺發展參考小遊戲

遊戲1

抱著搖晃

適合對於前庭覺刺激較敏感的入門刺激方式。

1. 較小的孩子可以直接抱離地面左右輕晃、上下抱起、大人原地旋轉，都是從輕微的開始做，寧可減少刺激及強度也不要太過頭
2. 較大的孩子不一定要全程抱離地，可抱起來離地旋轉一兩圈或舉起來上下移動，公主抱搖晃或旋轉也可以
3. 再大一點的孩子大人可以直接揹在背上，方向同上，左右上下轉圈

遊戲2

溜滑梯

提供直線加速度，有助於孩子的肌肉張力、眼球控制、頭頸部肌肉控制。

1. 變化：強度可以從坡度來控制速度，若一開始很害怕的孩子可先從走各種日常生活的上下坡來練習重心改變，接下來可以試試趴著、倒著溜下來，也可嘗試螺旋的溜滑梯
2. 進階：嘗試滑草或滑水道

遊戲3 棉被遊戲

1 吊床：適合較小或體重較輕的孩子，讓孩子躺在毯子或棉被上，家長1～2人把被子拉高離地，作為一個躺姿的鞦韆

2 包壽司：用棉被把孩子頸部以下裹住，請孩子身體從壽司中滾出來

遊戲4 搖搖床

使用搖搖椅或前後搖晃的木馬也可以，孩子坐在上面，家長可以操控搖晃的強度，若孩子想要自己調整也可以

遊戲5 健身球（治療球、大球）

依照孩子的狀況與能力，可以趴著或坐在球上，上下動或左右搖晃，依照孩子能力決定腳是否離地，大人可以操控振幅

遊戲6 溜滑板

一開始需要家長陪同，可從趴著的姿勢開始，讓孩子有前後左右、旋轉等各種方向的滑動，之後可以請孩子用手推地板滑行，也可加強背部肌肉

遊戲 7

盪鞦韆

這是很好的前庭刺激遊戲，但安全第一，鞦韆的種類也有很多種。

1 種類：

若可以的話，前庭覺反應過度的孩子可先從座椅式的鞦韆開始，之後再換成輪胎型等底面積較大的，適應之後再坐木板或皮帶這種底面積較小的

2 玩法：

從孩子可接受的幅度、高度、時間開始，若前後的刺激已經適應，再加上左右晃動或是不規則的搖晃，之後再嘗試旋轉

最後可嘗試前後盪時加上其他方向的刺激，或是速度忽快忽慢，急停、突然衝或改變方向等玩法。

遊戲 8

平衡遊戲

1 若有安全的平衡木，可以試著練習，日常生活則可走在「路邊石」上稍微高起的一排練習平衡能力

2 公園中的搖晃吊橋設施

遊戲 9
徒手遊戲

1. 小牛耕田：孩子趴姿下，家長在後方抬起孩子雙腳，孩子雙手伸直撐地前進，頭抬起來眼睛看前方
2. 大熊走路：孩子四肢在地上，背部拱起，用四肢掌面來走路，手肘與膝蓋不碰到地上，頭一樣抬起來眼睛看前方

遊戲 10
跳跳類型

1. 跳跳床（彈簧床）：許多兒童遊樂場所都會有，或是家裡可買一個讓孩子在跳跳床上下跳，或是邊跳躍邊旋轉
2. 跳房子（或跳格子），亦可跳遠：用地上的磁磚或用有色膠帶貼線；用小巧拼，若怕太滑可在背面貼上止滑墊
3. 開合跳、單腳跳、跳跳箱

遊戲 11
其他相關運動

翹翹板、跳繩、直排輪、腳踏車、滑板車，電動的遊樂器材（上下搖晃的）、學習體操或簡單的舞蹈

【遊戲中須注意的小提醒】

・對有前庭覺狀況的孩子，爸媽可以這樣布置遊戲環境……

❶ 安全第一：前庭覺的刺激總是比較大陣仗，有些會用到的器材也並非唾手可得，所以一定要注意安全。要給予刺激前一定要先跟孩子說明遊戲會怎麼進行，必要時可以身體示範讓他們看。

❷ 給予刺激的方式要循序漸進：前庭覺的刺激一定要循序漸進，而且有的孩子的不舒服不會當下就表現出來，有可能一開始他們笑得很開心，之後卻突然變臉不舒服、哭泣、拒絕再玩，甚至噁心嘔吐等，所以從輕微地開始，見好就收是最安全保險的，若能先有其他肢體活動暖身一下更好。

❸ 注意遊戲時的身體安全：抱著孩子旋轉、飛高高等遊戲都是家長很常和孩子玩的遊戲，不論孩子年紀大小都很需要注意頸部的支撐與安全。

・對前庭覺較敏感，會反應過度的孩子，爸媽可以這麼做……

❶ 若孩子對於直接遊戲太過於恐懼：建議家長可以先抱著孩子離地搖晃，然後一邊說明，若孩子仍不願意接受的話也不要急於一時。

❷ 先從接近地面或雙腳都在地上的遊戲開始：從小矮凳跳到地上的軟墊或簡單的跳格子、上下跳。

❸ 使用不同感覺刺激讓孩子不會只專注在前庭覺刺激：請孩子吹泡泡，跳起來拍打泡泡讓

孩子覺得暈並不是前庭覺刺激的目標。

・有前庭覺狀況的孩子在遊戲時，爸媽應保有這樣的態度……

如同觸覺篇（請參照P.067）所講到的原則。前庭覺當中以水平面旋轉的刺激是較強烈的，一定要看孩子的反應，若出現臉色發白、發紅、冒冷汗、傻笑、太興奮、哭泣、呆滯想睡等反應的時候就要停止，不可以過度，因為家長們是在陪孩子玩遊戲，透過遊戲幫助孩子發展，不是在治療。

也有的孩子一下子經過太激烈的前庭刺激後就開始過度興奮、焦慮、行為或情緒失控等，所以一定要好好拿捏。若孩子有特殊的身體狀況時，在進行前庭覺刺激之前一定要請教專業人士，避免出現癲癇的狀況。

以上在進行促進前庭覺發展的遊戲中最重要的就是安全，因為前庭覺刺激若太高，可能會影響到孩子的心跳、血壓、呼吸速率等並且使身體產生不好的反應，若不是被確認有失調狀況的孩子，基本上刺激只要平均給予就可以了，也就是生活當中有接觸即可，有任何疑問的話一定要請教職能治療師喔！尤其是前庭覺敏感的孩子更是要注意！

爸媽請放心，
黃老斯要跟你說

問題必須先確認原因，之後幫助孩子會更加輕鬆！

問題需要評估過後才會知道原因，找到後針對原因來處理問題才是根本，「確認後再行動」一直是我常告訴老師與家長們的話。

畢竟我們直覺上都會想解決問題而非找出原因，舉例來說，孩子被老師說注意力不好，家長可能會上網或買書找資料，看看有什麼提升注意力的方法，然後一一嘗試，比較少會在第一時間找出影響孩子注意力的根本原因，不過有些是專業人士才能判斷的，家長本身若非相關專業，可能也變難找到原因的。

感覺統合方面就是影響孩子注意力的其中一個原因，但讀者們若從前面讀到這裡，應該不難發現要判斷是否由感統影響行為表現，連專業人士都需要很多確認。

很多家長來都是因為被學校老師「多次強烈建議」到醫院評估才踏入治療室的，有的家長說：「我只是想來醫院弄一張評估表回去證明我的孩子很正常。」另外一些家長說：「為什麼學校老師和其他家長總是說我的孩子有問題？他們到底憑什麼這樣說？為什麼這麼隨便？」還有的家長會說：「我一定要到醫院才能解決孩子的狀況嗎？為什麼非得要來？」很多很多的為什麼，只要找到原因都會解開的，但我也承認，要踏進醫院實在是不容易。

我也曾耳聞有老師或別的家長因為覺得某個孩子在團體中很干擾，直接認定他可能是某種狀況，請家長帶去醫院檢查、去治療、去申請資源班，還有的是家長與老師間的溝通有狀況，認為是對方沒有把孩子教好，最後只是彼此互相傷感情。

我很感謝能提醒家長的幼兒園或小學老師們，因為他們了解早期療育與黃金期的重要，但家長若能主動提早去做，而不是等到被提醒後才注意，感受上來講應該會比較好吧？若想建議他人帶孩子去評估，也要確認後再行動並有智慧地做，不然真的會讓對方內心受傷的。如果希望對方家長可以敏銳一點觀察自己的孩子的話，不妨送他這本書試試唷！

◆本體覺篇◆

什麼是本體覺？

本體覺（proprioception）就是關於自己身體所在位置的感覺，主要是接收來自骨骼、肌肉、肌腱、關節、韌帶、皮膚等含有受器的部位傳來的刺激，以便讓我們預計自己該怎麼反應、做出什麼動作及姿勢。例如當我們不使用視覺（光線不足或眼睛閉著）移動時是否能夠感受到自己身體及各肢體在空間中的方向、閉眼也能將衣服脫下，這都是因為有本體覺的幫忙。

本體覺加上視覺的訊息影響了動作的計畫與預測能力，能夠幫助我們精確地處理生活中的事情，其中包含了身體各種動作的流暢度，這讓我們做事更俐落、有順序及條理，因為能事先預想可能的結果，腦中便能規劃出不同的對應方式，面對事情時的反應也會比較快，除了日常活動之外，運動同樣很需要大量的動作計畫、預測與協調，尤其是球類運動、舞蹈等。

此外，本體覺的調節會影響到情緒，也和我們的警醒程度（請參照P.130）很有關係，不論在成長過程或日後的生活適應，這都是極為重要的要素之一。

不同受器所接收到的感覺及做出的動作各有不同：

受器	接收到的感覺	做出的動作
肌肉、肌腱	感受肌肉出力的大小、肌肉的收縮	控制肢體的位置、速度、方向
關節、韌帶	感受關節彎曲伸直的角度與方向	控制肢體的位置、速度、方向
皮膚	幫助感受肌肉關節做各種動作時的刺激	幫助調整姿勢、嘴唇動作、臉部表情、手部動作

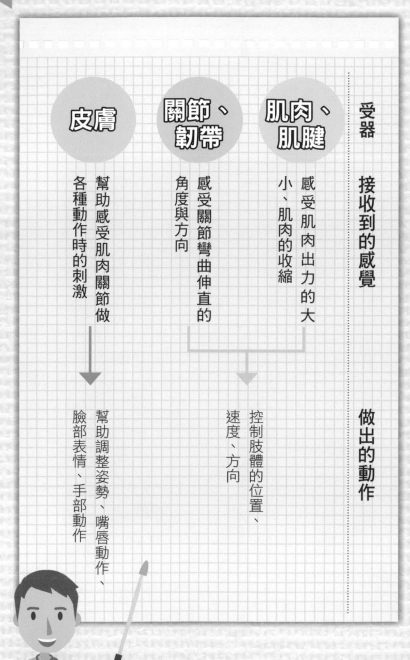

本體覺的功能：

功能1 身體概念

感受到身體與各肢體在空間中的位置及其相對位置。本體覺可以幫助人們更好地運用肢體，如拿湯匙吃東西時看電視，並不會因為眼睛在看別處而讓食物從湯匙上掉落，可精準吃到。

功能2 粗大動作發展

近端關節穩定，可以讓大動作更流暢，像是走路的步伐輕重，或是否能靈活運用關節來爬行、跑、跳及做各種動作。

功能3

精細動作發展

手部的動作：捏、壓、轉、按，工具、文具的使用，小動作的靈巧程度，例如寫字是否會太用力或太輕，著色是否無法在範圍內；做美術作業時的各種能力：撕、貼、剪以及需要手指的樂器學習：弦樂器、管樂按壓鍵。

功能4

口腔發展

咀嚼功能、吞嚥、口齒表達清晰度與發音的大小，也會影響學習語言的能力。

功能5

身體兩側協調能力

做事情是否能整合身體兩側協調而有效率，各種運動項目、舞蹈等都很需要此能力。

功能6

肌肉張力

維持良好正確的姿勢、幫助發展與維持正常的肌肉張力。

功能7

動作計畫

控制自己身體各部位的動作與出力大小，並決定要使用多少肌肉力量處理生活中的事情，感知動作的速度快慢、方向與時間點來做出反應，並可以在預測之後計畫。這也與到新環境的適應能力相關。

功能8

調節作用

輸入本體覺刺激如肌肉的收縮與動作、關節的活動，可以幫助調節、減少觸覺及前庭覺的過度敏感。（Kimball, 1999）。

看完以上表格的描述，可發現本體覺與動作發展十分相關，若調節或區辨能力不佳的話，生活中食衣住行功能的執行就會很沒有效率、不協調、看起來笨拙、動作慢，從而造成不少大大小小的困擾，尤其是姿勢與肌肉張力若沒有早點發現、介入去改變的話，真的很容易產生心有餘而力不足的感覺。

以下分享兩個本體覺反應不足的案例都是在臨床較常見的故事，關於動作計劃能力差與肌肉張力低下，後面會另有篇幅談到。

職能治療師分析：
教養案例

教養案例分享一

為什麼孩子肢體常常不協調，主動參與活動的意願又低，爸媽該怎麼辦？

小學二年級的男孩小儒看起來很害羞，評估的過程中，治療室裡的器材他都很感到興趣，幾乎每一項都問我要怎麼玩，但他卻也只是問問，沒有真的拿起來或操作。

「如果有想要試試看的東西都可以問黃老師唷，我再借你或教你怎麼用。」一個小時的相處中我大概講了五、六次這句話，小儒卻始終都沒有主動開口。

我問了媽媽想要帶孩子來評估的原因，是否覺得孩子哪邊跟同學不太一樣？還是學習方面有狀況？媽媽表示孩子基本上表現都還不錯，功課也名列前茅，但在學校跟同學的相處有點問題，她在網路上看到職能治療可以評估人際關係是否跟身心發展有關，所以就掛了號。

「小儒媽媽，您真的很不簡單欸，一般爸媽就算知道職能治療有在處理這塊，也未必願意帶孩子去醫院或診所，通常都會尋求找輔導老師或人際關係課程的協助。」我稱讚道。

媽媽不好意思地說：「其實我也是跟我先生有過一番唇槍舌戰後才好不容易說服他讓我帶孩子來醫院，他雖然答應但還是很不能諒解。但我更不能諒解他對小儒的態度，總是看不起他，說這孩子沒有男子氣慨（已修飾過，原文是「不像個男人」），生了個兒子結果還沒辦法跟他一起打球，還會把錯怪罪到我身上……」媽媽說著說著越來越激動，眼角泛起淚光，但又怕在一旁玩積木的孩子聽到而越來越小聲……「所以，我想要確認到底是怎麼一回事。麻煩老師了。」

接著，我請小儒跟我一起做開合跳十下，在做之前還先問了一下他會不會，小儒很有自信地說學校老師有教，幼兒園的時候就會了，媽媽也在一旁點點頭。結果，這十下跳完，沒有一下是我們一般認知的開合跳，腳打開跟手在上方拍一下的時機總是沒有對起來，結束後孩子跟媽媽不約而同給了我一個尷尬的表情，此時媽媽連忙想要解釋說：「他平常比較少練習啦！」

評估後，我發現小儒的本體覺反應不是很好，身體兩側協調動作都不太好，雖然沒有影響學業，但人際關係、社交及遊戲方面影響很多，同學們都不喜歡跟他玩需要運用到肢體的遊戲，甚至有的同學會嘲笑他，說他是「肢障」，因為不是很好聽，他就時不時在學校跟人起衝突，學說不好聽的話回嘴對罵而常被老師制止。

久而久之，小儒主動參與活動的意願降低、不喜歡探索新的事物。因為是個聰明、功課好的孩子，看到自己經過練習還是肢體不協調的樣子，想必很挫折無奈，加上回到家爸爸又對他的表現不滿意，種種原因讓小儒的情緒起伏變得很大，挫折忍受度（請參照P.134）也因而下降，很怕做不好又要丟臉了。

因為我已經發現小儒是本體感覺反應較差，對於他的開合跳表現早已有了預期好的心理準備，所以當他們母子一臉尷尬的時候，我的表情卻很淡定地告訴小儒：「這個動作本來就比較需要練習，常做的話會對你做其他運動幫助不少唷！」

評估結束後小儒一臉開心地抱住我說：「黃老師，我下次什麼時候來上課呢？」

【職能治療師臨床推理】

經過評估發現影響小儒行為的並非個性，會這樣表現也不是他天生的，而是偏向本體覺反應不足。

很多爸媽或大人都會認為孩子所表現出來的樣子就是這個孩子的氣質或特質，這部分不能說完全正確，需要經過判斷才會知道。從行為遺傳學中可知同卵雙胞胎在不同的環境成長後的思考與習性都可能有所不同；一個人在不同的地方生活後，觀念、性格與習慣多少會改變，因此，就算是個性使然，也有調整的空間。

很慶幸小儒的媽媽願意勇敢地面對家裡的反對聲音來追根究柢，而非像爸爸這樣歸咎於各種原因，小儒這樣的男孩確實在求學過程中會比較辛苦，因為本體覺反應不足，動作就會很不靈活、不流暢，不僅影響著生活的常規外，運動方面更是吃虧，尤其男孩社交中很重要的球類運動，更是不擅長，而且男孩們常會比較彼此的體力、運動能力，正好是本體覺反應不足的孩子心中的痛點，於是接著而來可能會被嘲笑或排擠，自信心不足、挫折忍受度差、逃避社交或團體等狀況都是在預期內有機會發生的。

這時候建議爸媽應該要找專業人士評估，好好地想辦法瞭解孩子的狀況，按照其建議幫助孩子，而不是自己想辦法、一直勉強孩子反覆練習、使用各種激將法或鼓勵使孩子「跨出那一步」、「突破心防」。瞭解他們的實際情形後，就會像黃老斯一樣，能夠看到孩子的所有表現都不慌張，而能好好地觀察他們目前需要加強、欠缺的能力，並慢慢地增加難易度來補足孩子的基礎能力，之後他們在做相同的活動時，就會明顯發現比以前進步了。

【如果孩子有以下表現，可能有本體覺反應不足的問題】

飲食

吃東西的動作很不流暢，常常會掉東西，或是餐具的使用技巧不佳，尤其是筷子，有可能要學很久或是拿的姿勢很特別

穿著

學習穿脫衣服的過程很漫長，扣釦子、拉拉鍊、穿鞋子等，對於動作的順序很難理解，用眼睛看著做才會做得比較好，若在練習時分心看向別處的話，就會拖拉更久

自我照顧能力

常常嚴重受傷後反應不會太激烈或大哭很久，身上可能常會出現傷痕而不自覺，上下樓梯很不協調、不流暢，可能不太會雙腳交替，喜歡用某一隻腳先走，使用物品及動作很粗魯，關門總是很大力

社交

對於要學習新的動作會有點排斥，所以常不想去才藝班或跟其他同儕玩耍，也因為動作技巧不佳，別人也不太想跟他玩

遊戲

1. 大動作技巧欠佳：跑步可能常跌倒，要運用到雙側的動作都不太協調，像是交互蹲跳、開合跳、帶動跳等
2. 球類運動或丟接技巧不佳：丟給他球或物品常常接不到，經過練習後仍進步很少，出力太大或是太小，發球、丟給別人都不準確
3. 精細動作技巧不佳因為出力不精確，所以常常會弄壞玩具或撕破書本
4. 容易有挫折感，情緒反應大

學校表現

1. 筆和文具的使用能力不佳：運筆技巧不好，拿筆的姿勢也很特別，可能會拿太前面或太後面，有可能常會把鉛筆筆芯弄斷，且文具的使用需要練習很久，尺規、剪刀使用狀況也不佳
2. 過猶不及的出力：寫字很用力或太輕、橡皮擦常擦不乾淨或是把紙擦破，使用膠水或罐狀白膠時不是力氣不足擠不出來就是容易一下子擠太多

我也曾經是不擅長運動及遊戲的男孩

說到這邊，黃老斯已經開始不好意思了，怎麼每篇我都有狀況呀？但就是這樣才造就了我對孩子可以擁有「不能再更多的同理心」。由於徹底瞭解他們的狀況，所以臨床觀察可以更細緻，設計活動及難易度的拿捏可以更精準，不過最重要的還是黃老斯能夠幫孩子把說不出口、像謎一樣的心事與心情翻譯出來告訴爸媽。

常有爸媽戲稱黃老斯好像會算命一樣，為什麼孩子在家、在學校的表現我總是能講得鉅細靡遺？他們喜歡什麼、討厭什麼我都知道？真的很專業！其實，這都是因為我自己就是如此呀！我只是把我自己的狀況跟從小經歷的事情講出來而已，不過我實在不知如何啟齒。

本體覺反應不足在我身上也是一個很大的困擾，小儒進來的時候我彷彿看見了小時候的自己，所以我甚至直接告訴小儒媽，若是她沒有好好幫助孩子的話，未來還會繼續發生些什麼事情，因為除了我自己經歷過之外也看了很多不同年齡的個案，尤其是男孩子，不擅長球類運動的話，一路走來實在有‧夠‧艱‧辛，不論我怎麼花時間苦練都很難達到一般水準。

曾經以為自己可能只是不擅長某種球類，直到我把球類運動幾乎都苦練過後才驚覺自己真的沒辦法，接不到、丟不準、踢不到、發球都不知道飛到哪裡去，一點都帥不起來，大家漸漸地也不想跟我打球，更找不到人陪我練習，所以我在求學階段透過運動而結交的男生朋友少之又少，後來我就索性一概抗拒球類運動也不看比賽，但我不是因為不喜歡運動，其實我內心至今仍很羨慕在球場上奔跑、揮灑汗水的男女老少們，看著他們熱血沸騰的樣子都會讓我感到惆悵。

在團體生活中我最怕玩團康遊戲，一方面我很難瞭解遊戲的規則，一方面我常會因為節奏感或肢體不協調而輸，長大後嘗試其他運動也好不到哪裡去，大學為了重新開始人生而去參加熱舞社，日夜苦練才好不容易上台，但舞感還是差別人一大截；學瑜珈、皮拉提斯等運動，總是找不到也無法理解老師所說的身體部位與動作要怎麼做，想當然就一直做不標準；重量訓練時，就算眼睛看著做動作，仍舊常常用別的肌肉代償，明明要練某個肌肉，卻痠痛到別的部位，以上種種都是本體覺反應不足的人們的日常呀……內心從小到大累積的陰影已無法計算。成長的歷程只能不斷地給自己正能量，或是找不同的事情做來轉移這種挫折感，一直告訴自己要相信世界還是很美好，每個人都有長處……幸好後來轉機真的出現了！

當我在醫學院職能治療系讀書，於專業領域中越來越瞭解自己的狀況後，就開始沒有那麼宿命論，透過行為改變去訓練、調整強度並勉強自己，有計畫地加強本體覺的調節，漸漸地就不一樣了。

本來我只能慢跑、簡單地做一點運動來維持健康，27歲鼓起勇氣去學游泳，到現在能輕鬆地游兩式連續一、兩千公尺，球類運動雖然為時已晚也沒有動機，但運動時能更確實地使用自己的身體肌肉，遇到新的挑戰不會一律拒絕，跳舞方面的活動都可以很快跟上。重點並非學會那些運動或技能，而是能夠更好地控制且使用身體的感覺真的很不錯，不會總是面臨預期與現實落差太大的窘境，但我經常感嘆：如果這一切能從我小時候開始該有多好？

所以，我要寫這本書；所以，我勇敢地在書中揭露自己的狀況，只為了可以幫助更多不被瞭解的孩子或是跟我一樣對自己不解的人。我們一起加油吧！

p.s.不過跟黃老斯有類型情況的人，不見得是同一種原因，還是需要透過評估確認才行喔！

職能治療師分析：教養案例

教養案例分享二

為什麼孩子愛打鬧，精細動作的表現不好，爸媽該怎麼辦？

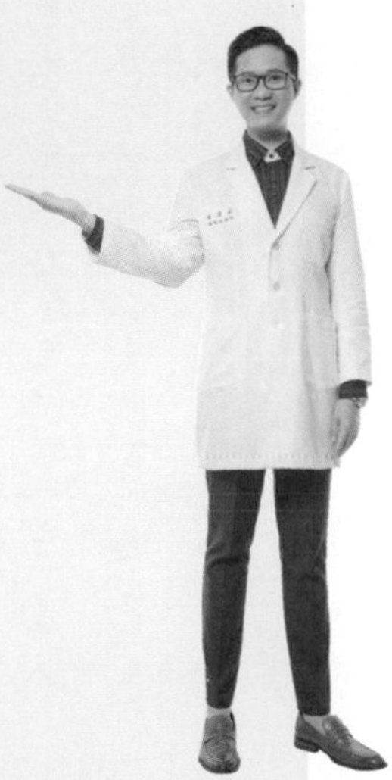

小學二年級的小豪是因為作業寫不好而被學校老師建議來評估的孩子。怎麼寫不好呢？因為他寫字總是超出格子、寫太用力、學字很慢、抄黑板時動作很慢又會漏寫、橡皮擦總是擦太大力把作業本弄破等，這樣的結果就是不斷被指正或誤會是不夠專心，甚至常因為寫字太慢下課時間還被老師留在教室寫完，但寫完後總是又上課了，有時候一天當中沒有幾次可以下課休息，頂多上個廁所，因此寫字就變成小豪很大的挫折感來源，學業成績也受到影響，讓他漸漸地也開始不想上學。

我跟媽媽聊到這部分時在一旁玩耍的小豪聽到後便說：「媽媽要是覺得我的字寫不好看，就會叫我重寫，拿著橡皮擦在旁邊看，寫不好就幫我擦掉，寫到好為止，有時候還會整頁撕掉。她說只要我好好寫不就沒事了，但我真的有認真寫嘛……」

媽媽隨即請我幫小豪看看是否有學習方面的障礙。

但不只寫字，他的精細動作都表現不好，像是文具到他手中就壽命很短：畫圖時把蠟筆弄斷、彩色筆壓進去、鉛筆芯寫斷掉等，玩具也是一樣，根本是個破壞王，怎麼提醒他要小心愛護使用，還是很快就壞掉。有時是用力過頭，像是關門太大力、開紙盒拿東西常把盒子撕破；有時是不夠用力，拿玩具、飲料、零食、常會不知道為什麼就掉到地上，比較嚴重的是拿筷子很不流暢，力量又控制不好，所以吃飯速度慢，在學校用餐都吃很少，通常都吃些簡單易咬易吞的食物，不然就是因為吃不完而餓著肚子回家。

媽媽尷尬地補充：「黃老師，是不是我沒有把他教好？我們是不是幫他做太多了？讓他沒機會自己練習才會變成這樣？其實，他現在還要我們餵飯……但我們就想說他在學校吃得少，怕他長不高……」我聽到確實是有點難掩驚訝。此外，小豪在學校也是有名地調皮，喜歡打打鬧鬧、「捉弄」同學，上課中製造很多聲音，撞桌椅的聲音，開書包、拿東西各種動作都很大聲，走路聲音也很大，他還沒到，腳步聲遠遠就可以傳來碰碰碰的聲音老師跟爸媽都覺得可能是因為孩子在課業方面表現較差而產生故意的行為或是過動症，很令人頭痛。

其實小豪在讀幼兒園時就已經有這樣的情形，在家或學校都喜歡丟、搶別人的東西，爸媽雖然該教導的都沒有少，但仍舊以包容居多，以為孩子長大後就自然會開始懂事，沒想到進入小學後反而更加嚴重，讓小豪幾乎沒有朋友，在家常常喜歡躲在書桌下或棉被裡，媽媽一度懷疑孩子是自閉症。

媽媽不斷地想要確認小豪到底是不是有什麼疾病，但評估之後，我發現這也跟感覺統合不好有關，尤其他需要很多本體覺的刺激，所以會透過打鬧遊戲、撞人來輸入本體感覺，我讓媽媽徹底地瞭解小豪成長至今的所行所為背後可能的原因，她低頭不語了一、兩分鐘後說：「我實在應該要早點來評估，雖然懷疑孩子可能有狀況，但我還沒準備好面對，所以一直逃避，結果現在發現原來沒有很嚴重，卻因為我總是用自己的想法來處理，沒有讓孩子及早得到幫助。希望黃老師能好好指導我，我會全力配合的！」

【職能治療師臨床推理】

小豪的例子看起來會跟前一個故事的小儒很像，這兩位孩子都是偏向於本體覺反應不足的狀況，只是小豪的反應不足而需要更多的本體覺刺激，所以會主動尋求，並希望肌肉與關節可以透過出力得到刺激，行為上就有很多動作都是在使用力氣，這樣的孩子有的會很容易累，因為平常花太多能量在出力滿足自己的本體覺需求，只要累了就也容易注意力不集中，做事沒有效率。

光是本體覺的尋求就有很多狀況，文中可以發現對生活自理、社交人際、情緒、學業都有影響，甚至還讓媽媽遇到一種情形就懷疑一種病的地步，從學習障礙、過動猜到自閉症，但評估後才知道之前的那些擔心憂慮根本就沒必要。

小豪的媽媽能在第一次見面就能問我是否是教養問題時，真的實屬難得呀！因為我遇到不少爸媽比較期盼聽到的是孩子的狀況，並非自己的教導方式需要調整。但是他們還在餵小二的孩子吃飯這件事所帶給我的驚嚇已瞬間壓過這份感動了。若評估或參加治療課幾次後發現照顧者教養方式影響的比例偏高時，我通常都不會太直接告知，因為不確定爸媽的挫折忍受度（請參照P.134）是否足夠，也不確定他們聽到之後會有什麼反應，為了孩子好，我還是會選擇用時間讓爸媽體會，或是迂迴再迂迴、繞圈再繞圈，婉轉地傳達給爸媽。

這類型的爸媽偏向「解決當下問題型」，沒有積極尋找問題的原因，如果在上小學前，各種壓力都比較小、還有很多練習時間的時候，就用對的方式好好地幫助孩子加強補足所需能力，之後就不會因為趕時間而做出許多情急之事了。

【如果孩子有以下表現，可能有本體覺尋求的問題】

飲食

喜歡吃口香糖、吃有嚼勁的食物，像是較硬的軟糖、果乾、肉乾、蒟蒻條，也喜歡硬脆的餅乾或水果

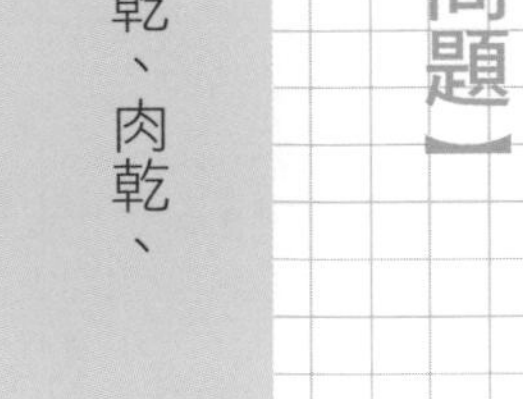

穿著

喜歡穿緊身的衣物或是將鞋帶綁很緊，喜歡咬東西、衣服、文具、玩具等

自我照顧能力

走路很大力踏步、喜歡用力拍打東西或拿毯子或棉被包裹自己，常咬指甲、吸手指，也喜歡被擁抱、窩在狹小的地方（會有安定與冷靜的感覺）

社交

表現出侵略行為，攻擊、踢、咬，或未察覺別人的個人空間、靠太近

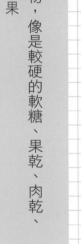

遊戲

喜歡打鬥遊戲，尤其是要出很多力氣的；喜歡丟東西、搬動重物；喜歡衝撞他人、物品、櫃子或是牆壁

學校表現

喜歡追同學打鬧，可能會引起同學反感，坐著時常動來動去或換姿勢，常在遊戲或打招呼時出手力道太大，造成他人誤會與不愉快，使用文具或工具時都很用力，常會弄壞用具，或是很用力地寫字

爸媽請注意！

該如何促進孩子的本體覺發展？

其實我們的生活裡無形之中都會使用到本體覺，像是一些不一定要視覺幫忙也能順利完成的事情：在微光中穿脫衣服、邊看電視邊剝殼吃花生或打毛線、看樂譜演奏樂器不需要總是盯著樂器或是來來回回看、口罩或衣服後面打活結、使用電腦鍵盤可以不用看就直接盲打、打網球時不用一直看著球拍諸如此類，本體覺的調節良好使我們能流暢地做事情、做運動。但相反的，本體覺調節不佳的人，就會顯得卡卡的，這也是為什麼有些人總會說自己運動細胞不夠好、舞蹈細胞不夠好。

因為本體覺跟身體的各種動作相關，所以生活當中很多活動都能幫助本體覺發展，從大動作的跑跳、球類運動到精細動作的手部操作、工具文具使用都可以。除了先天因素造成本體覺的調節、區辨不佳之外，不少孩子是後天刺激不足所致，所以一定要讓孩子多動，在生活中就開始改變：把搭電梯改成走全程或分段的樓梯；不趕時間的話放學走回家或走一、兩個捷運站、公車站的路；經過小學校園可進去跑跑走走跳跳。精細動作方面可以多玩組合型的玩具，各種要組起來跟拆開來的積木、串聯玩具，像是串珠珠、拼花片，真的都沒有的話，幫忙做家事，搬搬小物品也是很好的本體覺刺激，進階一點可以讓參考下頁開始的表格把強度及頻率增加。

爸媽一起來！

促進本體覺發展參考小遊戲

遊戲1

口腔運動

1. 吃有嚼勁的食物：硬一點的麵包、五穀雜糧飯、蒟蒻、肉乾、果乾、口香糖、較硬的軟糖
2. 用細的吸管喝東西或是吸愛玉、仙草、果凍、布丁、優酪乳等半固態或較濃稠的飲品
3. 吃比較硬的食物：比較硬的餅乾、堅果類、蔬菜水果，如芭樂、蘋果、香瓜、綠花椰菜、小黃瓜、根莖類食物
4. 吹口哨、吹泡泡、吹氣球，或是在乾淨的地板上吹桌球前進

遊戲2

手部運動

1. 玩大塊黏土、麵團：揉、捏、搓
2. 玩橡皮筋花繩、組合型的玩具（積木、花片、棍棒組等）
3. 拉彈力帶：腳踩住中間，雙手往上拉；直接拉開（胸前、背後）
4. 畫畫或學寫字時可使用小黑板加粉筆，或需要出力才會有顏色的蠟筆，可把黑板或紙放在垂直的牆面上，讓孩子抬起手來畫

遊戲3

跳跳類型

1 跳跳床（彈簧床）、氣墊床、有彈性的軟墊：跳躍時跳跳床給予身體肌肉、關節的力量反饋可提供大量的本體覺刺激，也能幫助眼球動作的整合

2 跳房子（或跳格子），亦可跳遠：用地上的磁磚或用有色膠帶貼線；用小巧拼，若怕太滑可在背面貼上止滑墊

3 開合跳、單腳跳（原地或前後）、跳跳箱

遊戲4

球類運動

拋（肩膀下）、丟、擲、投（過肩膀）、拍、接、踢、打的動作都有很多本體覺刺激，各種球類包含使用球具的球類都可以，亦可使用健身球來做練習，因為體積與重量較大，可提供的刺激也大

遊戲5

戶外遊戲

拉或吊單槓、爬攀爬器材、多跑跑跳跳、在沙坑用器具挖沙子

遊戲6

平衡遊戲

1. 若有安全的平衡木，可以試著練習，日常生活可走在「路邊石」上稍微高起的一排練習平衡能力
2. 公園中的搖晃吊橋

遊戲7

徒手遊戲

1. 小牛耕田：孩子趴姿下，爸媽在後方抬起孩子雙腳，孩子雙手伸直撐地前進，頭抬起來眼睛看前方
2. 大熊走路：孩子四肢在地上，背部拱起，用四肢掌面來走路，手肘與膝蓋不碰到地上，頭一樣抬起來眼睛看前方
3. 匍匐前進背上放玩具不掉下來

遊戲8

團體遊戲

1. 透過刺激的遊戲，增加身體肌肉關節的感覺：
   - 紅綠燈（常見的遊戲）：孩子必須用感官來注意自己是否被抓、被救
   - 老鷹抓小雞（人越多越好）：有豐富的本體覺刺激
2. 比腕力：在桌面兩人用同一隻手，手掌交握或是手腕勾在一起，比力氣大小，看誰能把另一人的手壓在桌上就是贏了
3. 超級比一比：至少兩個人以上玩，有事先準備好的題目（人事物、動物），不說出題目來模仿、比劃讓對方猜

   ↓進階：可用一句話、一個名詞或成語等，不說出題目來比手畫腳演出，透過練習使用肢體語言來增加本體覺刺激
4. 模仿動作遊戲：一個人出題（做動作或口述），其他人模仿他的動作，越快越好，慢的人或錯做的人就輸了，例如：口說右手放左膝蓋、左腳踩在右腳上，鼻子碰左肩膀。

   ↓進階：可以用玩拳的方式，選3～4組動作，猜拳後贏的人開始做動作，另一人的動作不可跟出題者相同，相同就輸了，例如：海帶拳，雙手做波浪的動作模仿海帶，有前方、上方、下方、左右打開四個方向

遊戲9

其他相關運動

1. 伏地挺身、棒式（圖1）、橋式（圖2）、仰臥起坐、小飛機（圖3）、蹲馬步到起立、青蛙跳、交互蹲跳、跳繩、攀岩
2. 學習體操或舞蹈、唱遊等做一些需要肢體順序性的活動
3. 幫忙做家事，打掃、搬動物品、收拾房間玩具、擦桌子等

圖1

圖2

圖3

胸口抬高離地，雙手要向前伸直並抬高30~45度，不可往左右兩邊，雙腳伸直大腿離地。

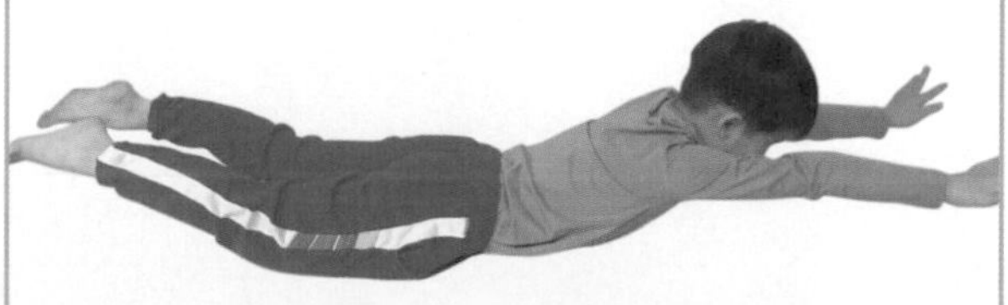

【遊戲中須注意的小提醒】

• 對有本體覺狀況的孩子，爸媽可以這樣布置遊戲環境……

❶ 安全第一：對於有感覺尋求的孩子，尤其是本體覺，真的是很容易用力過頭而受傷或是吵到左鄰右舍，所以環境及所使用的玩具、工具都要注意，在戶外則是要小心碰撞到人、物品、車子等，尤其是進行球類運動時。

❷ 給予刺激的方式要循序漸進：不論方式或是強度都是，因為本體覺是在動作經驗中調整的，很需要透過重複練習來改進，過程中很容易會反覆經歷不流暢、不協調，有的孩子會因此而不想再做，覺得沒有成就感或是丟臉、辛苦，此時爸媽一定要沉住氣別發怒，好好地觀察孩子在什麼狀況下開始表現不好？

• 對本體覺反應不足，很容易放棄遊戲的孩子，爸媽可以這麼做……

❶ 孩子可能會很容易放棄，所以要注意是否刺激的強度太強？或是他們已經沒力氣了？有的爸媽會想說：「才剛開始欸，都還沒玩幾下就放棄、就累了嗎？」是的，這時候請把觀念調整成「這一切都是正常的！」心情就會開闊起來了，因為爸媽必須要擁有好的心情與優雅的姿態來幫助孩子，才能給予他們正向的經驗，也就是黃老斯常說的「見好就收」，彼此都開心。

❷ 表格上的活動建議都先從很簡單、很輕鬆的程度開始，可以看執行的程度判斷是否太過

簡單再來調整難度與強度，也可詢問他們的感受，若他們放棄的話，就鼓勵幾次看看，若還是拒絕那就下次再試。

❸在運動方面尤其是球類，這樣的孩子本來就很容易抓不到感覺，所以才會表現不流暢，建議爸媽可以更仔細地分解步驟來分享自己的經驗與方法，像是：如何丟接？丟接球時怎樣才會精準，要用身體的什麼部位及動作該怎麼做才行？如何拍球才能連續好好地彈起來？如何拉單槓才能拉上去？如何跳格子才可以雙腳同時放在不同的格子裡？一步一步教導與分享，剛開始可用視覺來幫忙，而後漸漸減少使用頻率，用身體去抓感覺。

以上提到促進本體覺發展的遊戲，很多都是日常生活可以輕鬆執行的，基本上若孩子沒有出現特別狀況，就按照本來的生活習慣即可，有時想加強一下的話就參考上述的遊戲平均多元地帶著孩子遊玩。

爸媽請放心，
黃老斯要跟你說

讓孩子多多探索與鍛鍊，就能在生活中得到更多本體覺的刺激！

現在常見的現象是照顧者本身讓孩子經歷與鍛鍊太少，孩子走路不想走的時候就馬上抱起來、孩子不想動的時候就完全不勉強、常常幫他們拿東西、幫他們背包包、水壺，或是孩子有刺激需求時爸媽為求方便、安全考量就制止等，後天造成本體覺刺激不夠的原因還可分成以下兩種：

1 爸媽沒有自己帶孩子

忙於工作的雙薪家庭，孩子成長過程中的寶貴時間在七歲之前，孩子白天在幼兒園、保母家、托兒中心或長輩家等度過，爸媽下班也累了，多半無法在生理照顧外（吃飯、洗澡、哄睡覺）給予特別的刺激，就算有也是室內靜態活動，拼圖、唸繪本、親親抱抱、看電視影片、3C產品之類。若是週末兩天才跟爸媽相處的孩子，所得的刺激也未必足夠。此外，若爸媽沒有特別規劃怎麼教，讓一切自然發生，按照孩子的喜好選擇活動，孩子就會只做自己習慣的事情，接觸其他不同刺激的經驗也隨之下降。加上孩子不在身邊時實際獲得的刺激量與活動量很難觀察與估計，大多都是由他人轉述。如果遇到的照顧者是報喜不報憂的、自己也不知道是否足夠的，又或者根本只是照顧起居與安全卻沒有帶孩子額外做些活動的，就漸漸會演變成孩子後天的刺激量不足。

2 爸媽自己帶孩子

雖然自己帶，但不太知道要做些什麼，又沒有特別作功課學習，有的爸媽表示光是處理生活瑣事就很忙了，哪有心思做這個做那個，有的爸媽表示自己也很懶得動身體與腦筋，孩子乖乖地不吵不鬧就謝天謝地了，如何判斷孩子是否有需求呢？

建議可以先看上面的表格稍微思考在生活中的本體覺刺激有沒有不夠？還是有疑慮的話，老話一句，請教專業人士最省事。

感覺調節篇的總結

從感覺調節單元中的觸覺篇到本體覺篇，可以看到幾個反應過度、反應不足、尋求反應刺激的案例，其實真實的情形中，一個人未必只有單一種狀況，有可能合併好幾種，或是同一種感覺但有時反應過度，有時又反應不足，也可能不同的組合之中有許多情況在跳換，所以只能先舉幾個比較單純又典型的故事。

然而，分享的臨床故事都是從感覺統合參考架構當中推測的可能原因，因為一個人的行為表現背後實在有太多影響的因素，出生史中，從母親懷孕到生產結束、原生家庭的照顧與教養方式、父母親各自的遺傳基因、飲食與作息、接觸的環境刺激與人事物、孩子本身的氣質特性、身體內部的各種反應（自律神經、內分泌等）、孩子的發展狀況以及他們是否真的有身體的狀況與疾病，都是我們在判斷時要一一釐清與考慮的，感覺統合理論只是幫助我們觀察，從孩子的行為去猜測大腦與身體的狀況，進而推論並更加瞭解孩子的方式之一。

此外，還有其他的感覺調節，像是視覺、聽覺、嗅覺、味覺等都尚未提及，所以光是我們要抽絲剝繭找到影響孩子行為的原因，都覺得不簡單，何況是有可能只看到冰山一角的爸媽們呢？我想大家看到這邊都猜到黃老斯要說什麼了吧？但我還是要再說一次：

有疑慮的話請找專業人士確認吧！

小補充

警醒程度（Arousal level）是什麼？

在書中有提到多次的警醒程度（或清醒程度）是由腦裡面的網狀活化系統（Reticular Activating System, RAS）所負責，環境中的感覺刺激會傳到網狀活化系統調節警醒程度，位於腦幹的神經元網路，是大腦的警醒中心。

警醒程度

太高	偏高
有焦躁、躁動感、過high感、靜不下來的感覺	感覺很有精神、清醒、興奮

太低	偏低
有呆滯感、昏昏欲睡、易恍神、沒注意到環境刺激而錯過很多訊息甚至發生危險	感覺沒精神、不太清醒、昏沉、反應很慢、對於外界的刺激比較沒有反應、認知表現變差

警醒程度會根據每個人的身體狀況而有所不同。通常是有新奇的、強烈的刺激時，警醒程度會提升，若刺激沒什麼特別，就會下降。

如下圖，警醒程度在不高也不低時，與環境中的互動會有最佳的表現（Kimball, 1999），並且有好的專注力跟學習能力。若想要好好地在環境中做該做的事情，警醒程度太高時要想辦法降低，太低時要想辦法拉高。

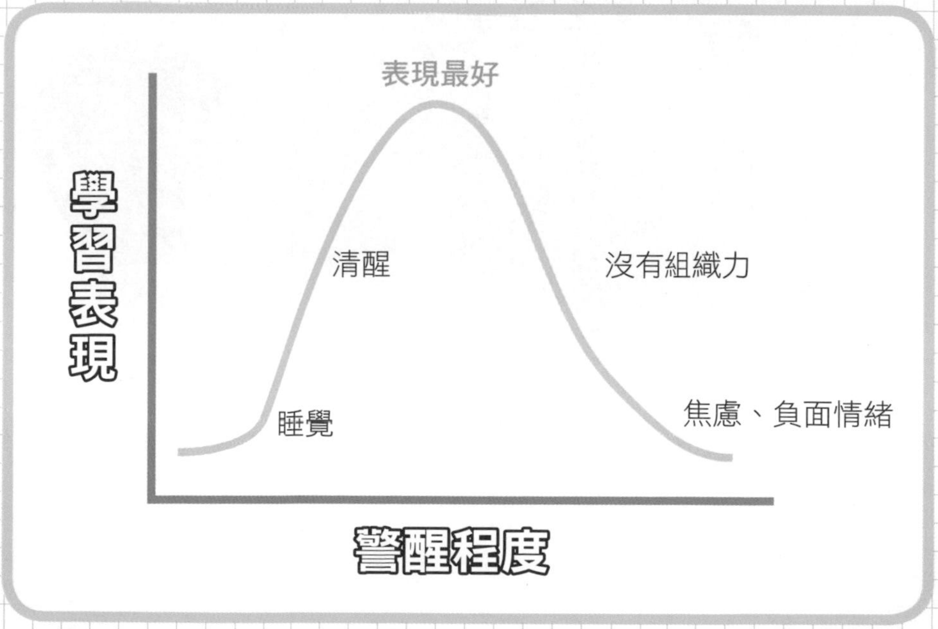

感覺刺激可以增加或降低警醒程度，通常會使用觸覺、本體覺、前庭覺的刺激。以下調整警醒程度的參考方式，成人及孩子都適用。

1 提升警醒程度：

觸覺

1. 輕觸覺：臉部、手心搔癢的動作
2. 快速摩擦皮膚四肢、背部或用冷水洗臉
3. 吃有酸味、涼感或較刺激的食物：話梅、薄荷糖
4. 喝冰的：氣泡水、檸檬汁（其他果汁不建議，因為糖分較高）
5. 有嚼勁或硬脆的食物：粉圓、果乾、堅果、餅乾、口香糖

p.s. 食物盡量避免高糖、高升糖值或吃太多，以免吃完有精神一陣子後又會昏昏欲睡

前庭覺

1. 快速或突然改變方向：快速折返跑、快速上樓梯、跳跳床
2. 沒有節律性、速度忽快忽慢的動作：變換速度的舞蹈動作或體操
3. 改變頭部姿勢的動作（可強烈一點）：盪鞦韆、溜滑梯、快跑、翻滾、原地轉圈、跑操場等

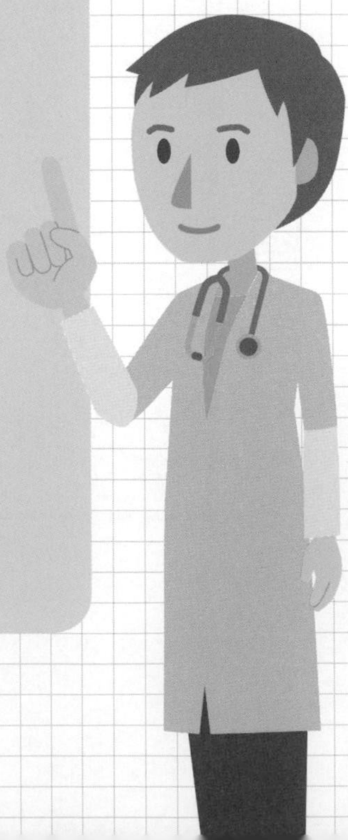

本體覺

1. 有阻力且具變化的動作：各種運動、丟或拍大球、不規律地跳
2. 抖動身體、伸展拉筋

2 降低警醒程度：

觸覺

1. 有節律性的輕拍或按摩肩頸
2. 用材質舒服的毯子摩擦或包覆

本體覺

有阻力且節律性的動作：棒式、仰臥起坐、深蹲、搬東西、推牆壁

前庭覺

1. 規律、輕緩、慢速的搖晃或盪：搖搖椅、抱著搖晃
2. 持續不變的動作：靜坐調息、大平躺、深呼吸

深壓覺

抱緊處理（深深的、穩定的擁抱）、按摩、用棉被捲起來包裹身體

黃老斯想說！

若學校老師或爸媽希望孩子能維持適中的警醒程度並有更好的學習的話，請讓孩子擁有下課和休息的時間並鼓勵他們離開座位。當孩子出現不專心、分神的狀況時，記得確認孩子的警醒程度和活動量是否足夠，每個孩子所需的活動量及警醒程度的變化都不相同，要觀察後才會知道，若只是一味地要孩子服從規矩，他們累積的壓抑及壓力又不被瞭解，可能會造成孩子有行為問題及逃避規範等身、心不良影響。

小補充

挫折忍受度是什麼？

當我精心設計遊戲且佈置好場地後邀請孩子來玩，卻聽到他們說：「看起來好無聊唷！」、「我不要玩！」等狠心拒絕的話，一開始確實會因此影響情緒，但身為專業人士，若治療個案時沒有把自己的情緒抽離，可能就無法達到治療後預期該有的效果，於是久而久之我就沒感覺了，倒不是麻痺，而是我越來越會觀察孩子這樣說的原因是個性？是教養問題？還是表達方式？

我覺得得先排除孩子是故意激怒他人的這個想法，自己會比較能客觀的分析。臨床觀察到大部分是由於「挫折忍受度太低」，怕輸、怕丟臉、怕自己表現不好，不想看到自己做不好的樣子，沒有十足把握的事情不會輕易嘗試，不然就是會想要調整遊戲的玩法、規則或直接逃避，所以他們常不願意接觸或挑戰新事物。

黃老斯在文章中不時會提到挫折忍受度，不難理解就是對於挫折的忍受程度，或是抗壓性之類的同義詞。

挫折忍受度低、抗壓性不好、草莓族等詞，透過媒體看到、聽到的頻率好像不減反增，黃老斯是七年級前段班就已經被媒體說抗壓性很低了，原先還有點不以為然，但跟我們上一代相比似乎真的是這樣，所以我默默下定決心要成為堅強的人，不過總感覺還是跟長輩們差了一點。

從大學時代開始當家教老師到醫院工作後接觸更小的孩子，臨床經驗中我發現現在的孩子們普遍來說抗壓性整體平均起來有比較下降，時代進步、物質富足、社會的氣氛與爸媽教養的態度等因素彷佛間接造成了這個現象，因為孩子從小不太需要透過努力來得到資源，加上父母親普遍會想辦法給孩子最好的、開心的生活，孩子的成長過程中很少需要擔心什麼，所以遇到幾乎沒有經歷過的挑戰或挫折時，常會想閃避、找人幫忙解決或出現負面情緒。

造成挫折忍受度太低有幾個常見原因，一個是教養，一個是能力問題。

從小就得到許多大大小小的讚美，沒有做什麼特別的事或只是做到份內的事也會被大人過度稱讚，總是聽著「很棒、很厲害、很聰明、第一名」這樣的詞彙長大，漸漸地就會希望自己可以保持這麼好，但年紀越來越大，遇到的事情越來越困難又複雜，要維持卓越頂尖的表現真的不簡單，所以他們就會直接選擇不做。建議爸媽從小適度讚美孩子就好，並針對孩子做事的過程與態度讚美，好比說，很認真、很努力、很用心、很仔細。

其次，當孩子在某方面的能力有所不足，與此相關的事情就會不擅長，但爸媽有可能會在不知情的狀況下，要求孩子去做他們不擅長的事情，比如說下肢肌肉低張的孩子腿部耐力很差，在接觸跳躍、單腳跳及平衡相關的遊戲時，容易跌倒又累，孩子會覺得丟臉，便傾向逃避或拒絕。此時如果爸媽興致高昂花了大把鈔票帶孩子去遊戲場玩，發現孩子不敢嘗試相關的器材或抱怨腳很痠不想玩，爸媽為了值回票價有可能會耐著性子不斷鼓勵或甚至勉強孩子去玩，到最後結果未必會是正向的經驗。

由於孩子的身心尚在成長階段，各種能力的發展進度本來就有所不同也不完全，所以他們表現出來的每一種狀況都可以視為合理，只要根據不足之處加強即可，面對有某能力不足的孩子並不是一股勁地強迫或勉強他們去嘗試，而是幫助他們加強該能力，再讓他們慢慢地接觸那些原本不願意去做的事，此時爸媽、老師的觀察能力就很重要了，要觀察他們逃避的原因，再根據所觀察的可能原因進行確認。

下次當您鼓勵他們去嘗試新事物時卻聽到孩子說「不要！」，請先冷靜一下別受到影響，好好地瞭解背後的原因再做處理吧！

Chapter 2

運用能力

Praxis

Chapter 2

運用能力 Praxis

Praxis，這個字是希臘文，意思是實踐，白話一點來說就是把腦中想做的事情付諸行動，這樣的能力就稱為「運用能力」，其中包含了：構想（ideation）、計畫（planning）、執行（execution）、結束（termination）四個部分。每個環節都有各自不同的因素影響著，若過程有其中一個環節的能力不足，整個「實踐行動」就會出現問題或不如預期。因此當孩子從事一件事情的表現不如大人或自己所想像時，就需要好好檢視，找找看是哪一個步驟需要調整。

舉一個近年來最常被問到的問題之一來說：

「孩子回家作業都寫很久，沒有很多功課卻要做到晚上11點還不一定寫得完，這到底是為什麼？」通常爸媽提問大概就到此為止，線索實在太少，所以我必須要提更多問題和評估來確認狀況，像是：

1 認知方面

回家的作息如何？功課是不是太難了？學習的狀況如何？理解能力如何，是不是真的不懂不會？是不是不會分配時間？

2 動作方面

拿筆姿勢如何？坐姿如何？肌肉力量如何？是不是肌肉低張？是不是容易手痠？寫字的力量太大還是太小？

3 視知覺方面

眼球動作如何？是不是閱讀能力的問題？會看漏字或跳行嗎？

4 感統方面

是不是活動量不夠？是不是有感覺調節問題？

5 環境方面

書桌是不是太多東西干擾？爸媽在旁邊盯著還是開著電視？爸媽有一直要孩子把字寫好看而不斷擦掉嗎？爸媽是不是沒讓孩子休息一下？是不是學校老師教法不適應？是不是真的功課太多了？

以上種種問題可能還只是前菜而已，瞭解一個人的狀況真的不簡單，雖然我在分享的臨床故事中好像很快就知道答案了，但其實有些個案是需要觀察一段時間或是不斷評估才能確認的。不少爸媽往往希望快點得到答案而不是一直被我問，不過，沒有確認清楚狀況的話真的很難給予建議。當然我也可以選擇告訴爸媽：

如果孩子功課很晚才寫完的話，記得做到以下幾點：

① 寫功課之前讓他們去運動10～15分鐘。

② 約20～30分鐘要休息一下起來走走。

③ 書桌盡量只留下與作業相關的東西，越簡單越好。

④ 環境保持安靜，減少干擾，爸媽可在一旁閱讀或簡單陪伴，但盡量不要滑手機或看電視讓孩子分心，而親子又可以有一起做事的感覺。

完全執行上述四個小叮嚀的話，寫功課的效率就會改善很多唷！

這種套公式的解法可能對某些孩子有效且對大部分的孩子也有某種程度的效果，是非常安全、保守的建議，有些爸媽可能在執行之後發現並沒有改善很多，然後又繼續上網搜尋或買書查看有沒有提升孩子寫作業效率的書，不斷嘗試輸入關鍵字或翻開目錄一條一條尋找有沒有「孩子拖拉怎麼辦？」之類的標題，看到一個新方法就再嘗試一種……

這根本就像是大海撈針，而且還會讓一些能及早處理的身心狀況就這樣被耽誤了！回到這本書的初衷，希望爸媽們能增加更多分析與觀察孩子的能力，跟黃老斯一起拆解問題，將自己想像為名偵探一般地觀察、評估、思考、推理和想辦法，如果沒這種能力也別氣餒，至少在提問的時候，因為對孩子觀察入微，便能交代地更清楚仔細，準確地提問也才能得到準確的答案。

以感覺統合的架構來探討的話，運用能力當中的「姿勢控制」及「感覺區辨」兩個因素會影響到兩側協調（肢體協調）和身體運用的能力，這些會在後面的篇章中一一分享給大家。

◆姿勢篇◆

許多爸媽都很關心孩子的姿勢問題，因為坐或站時沒有良好的姿勢看起來會很沒精神或觀感不佳，讀書學習及使用電子產品時也可能因此影響視力，甚至可能影響到身體的發育、身形（駝背、脊椎側彎）並造成其他問題。很多大人也因為現代的生活型態改變（使用手機、電腦等產品）、缺乏鍛鍊，所以有姿勢方面的問題，像是容易腰酸背痛、肩頸僵硬、體態不好看，頸胸腰椎骨相關的狀況，其實這之中有些人可能從小就這樣，長大越來越嚴重，若能早一點瞭解自己並調整，就能減少許多不好的影響囉！

不知道大家是否有發現，有些人即使不太需要無時無刻注意自己的姿勢，也能站得很挺、坐得很正、走路挺拔有氣場，儀態就像是模特兒或憲兵一樣，但有些人只要一沒注意或放鬆的時候就會開始東倒西歪、駝背、挺肚子，坐著時縮成一團，有些孩子時常需要大人不斷去提醒要坐好、站直，這就跟所謂的「姿勢控制」有關了。

姿勢控制的能力會受到肌肉骨骼系統、神經動作系統、感覺統合及學習經驗所影響，本篇會以感覺統合所影響的肌肉張力為主來分享幾個常見的臨床故事，因為肌肉低張的問題若非十分嚴重，其實是很容易被忽略的，但這卻又是造成困擾與問題的一大原因，所以黃老斯想藉這些案例讓爸媽觀察並思考一下孩子是否有類似的狀況。

什麼是肌肉張力？

肌肉張力（muscle tone），是指肌肉放鬆時，被動地拉扯所產生的阻力，或是維持姿勢時不刻意出力的表現，這邊特指後者。

若是肌肉張力低下，肌肉力量不足，無法好好維持身體在正確的姿勢或不能持續太久，除了容易肌肉痠痛之外，也容易感到疲累。

為什麼會肌肉張力低（Hypotonia或low muscle tone 肌肉低張）？

原因1

腦傷，例如腦性麻痺

原因2

疾病，例如唐氏症、普瑞德威利症候群（小胖威利症）

原因3

其他不明原因或後天的環境刺激不足、營養不良、內分泌問題、感覺統合不佳感覺系統中的前庭覺、本體覺、視覺會參與主動動作的知覺、身體概念及姿勢的發展和運用，像是伸肌的肌肉張力與平衡、頭部在空間中動作認知及協調性等，所以，肌肉低張的原因有可能是因為這三種感覺的調節狀況不佳所引起。

本書分享的肌肉低張案例是以感覺統合或不明原因（常見是遺傳）為主，確認與疾病無關，腦傷或疾病所造成的肌肉低張往往比較明顯、典型，嬰幼兒時期就可能就會有專業人士介入治療了，黃老斯在這裡分享的臨床故事為未必如疾病所致那樣典型的低張，一般人可能會覺得沒什麼，有時有點小困擾卻也能繼續過活，常被認為只是一種個性或身心特質，但這樣的低張狀況卻可能引起爸媽對孩子的認知不夠正確，造成親子關係緊張與各種不解，參考很多教養方式都不得其法的原因可能就是來自於這隱形的問題——肌肉低張。

身體的各個部位都有可能會出現肌肉低張的狀況，主要受影響的是：伸直的肌群、姿勢穩定度不好、平衡反應不佳，臨床發現有的孩子是局部肌肉低張比較嚴重，有的孩子則是全身肌肉都有低張的狀況，且程度不一。以下分享的故事會分別向爸媽說明各部位常見的的狀況。

職能治療師分析：

教養案例

教養案例分享一：臉部肌肉

為什麼孩子講話講不清楚，整張臉還常是垮下來的樣子，爸媽該怎麼辦？

6歲的女孩小玉被媽媽帶來治療室時是一個大臭臉，但看起來並非心情不好的臭臉，而是面無表情、整張臉垮下來的樣子，再看一下女孩的站姿，我心裡大概就有個底了，但保險起見還是先跟媽媽確認一下：「孩子是不是不開心呢？」媽媽無奈地說：「沒有啦，她平常沒事的時候差不多就是這樣的表情，我們也常問她是不是不高興，但她又說沒有，真是不好意思。」

訪談中得知孩子是被幼稚園老師建議來做評估的，老師說小玉在上課時常常是雙眼發直、眼皮下垂的樣子，不如同齡孩子那般有活力及表情豐富，而且小玉在學校不喜歡講話，幾乎都沒有好朋友，她雖然為此十分沮喪卻不知道問題出在哪裡，她常回家跟爸媽說同學都不太想跟她玩。

「我們都覺得孩子只是比較文靜，沒想到居然被老師建議到醫院評估，起初我們真的一頭霧水，很納悶我們小玉到底那裡不正常了？老師是不是太過於小題大作、矯枉過正了呀？後來想想老師也有她的專業與考量，加上孩子都說沒朋友了，就來看看專業的治療師有什麼建議。」媽媽補充說道。

我問：「那她平常會有嘴巴張得開開的、不容易閉起來的狀況嗎？會不會不小心流口水？小玉會不會挑食？」

媽媽驚訝地說：「您好厲害！全部都有！我最常提醒她要把眼睛張開、嘴巴閉起來，不然真的很難看。尤其是當她專心看書、看電視、玩玩具或開心笑的時候嘴巴都開開的，口水還常常滴在地板、書桌或書本玩具上。挑食更不用說了，根本只吃軟不吃硬，如果要嚼比較久或有嚼勁的食物，基本上她都拒絕，不然就是隨便咬個幾下交差就吞下去了，之後才在那邊鬧肚子疼甚至便祕，真的很令我們困擾！但請問一下黃治療師這個跟小玉沒有朋友有什麼關係？流口水跟挑食有必要一定要來醫院評估嗎？」

「您有沒有覺得小玉話少，但講話很快，咬字不太清楚？」我再補問一句讓媽媽多思考一點。

「確實是有這樣的狀況，我們常常要求她慢慢講，把話講清楚一點，然後她就生氣不說了，有時候甚至直接哭給我們看！」媽媽一邊說一邊看著小玉。經過評估之後發現小玉的全身肌肉比較低張，但臉部的肌肉張力又更低，所以才會有以上的表現。

我告訴媽媽：「臉部的肌肉低張，嘴巴和臉部肌肉力量比較弱又更容易放鬆了，所以專心在做其他事情時嘴巴就會打開或流口水，臉部肌肉都很放鬆的關係，面無表情是家常便飯，這樣的孩子常被誤以為是個性比較淡定、臉臭、冰山美人、鐵壁男之類的，至於講話像含滷蛋的感覺或是有些音比較含糊、發不好、喜歡連音講話等，是因為說話字正腔圓需要使用很多力氣，為了省力或沒力氣就直接這樣說話或甚至懶得講話，由於爸媽也都大致聽得懂，所以通常這樣的孩子很容易被忽略而耽誤了可以及早訓練與改善的機會。」媽媽慶幸地說：「看樣子我得好好謝謝一下學校的老師們了呢！」

【職能治療師臨床推理】

實際上有不少孩子都是因為人際關係不好或爸媽認為有情緒問題來諮詢，結果發現是臉部肌肉低張延伸出來的結果。

臉部低張的孩子有些會因為懶得講話而變成省話一哥、省話一姐，遇到需要解釋的事情有時會就這麼算了，被誤會也沒關係，所以讓爸媽很傷腦筋，甚至話講的太少容易被誤認為發展遲緩。此外，他們的表情總是不討喜、很冷淡的樣子，在同儕或兄弟姊妹當中比較容易不被疼愛，性格因而變得陰陽怪氣、難以預測，所以會影響到人際關係，表情總是不太親切，感覺不好接近，常見的還有因為舌頭、臉部肌肉的力氣不足，可能會影響到咬字發音而講話比較含糊，有些案例也會影響到飲食，也比較懶得咀嚼食物或是咬個幾下就吞下去，引起消化不良的問題，抑或因為這樣讓口腔得到的刺激很少而變得有點觸覺敏感，所以更加地挑食。

閉起嘴唇並把口水吞下去這種一般人認為根本是一種日常、不太費力的動作，在臉部肌肉低張的孩子身上都是需要費較多力氣、能量的，所以當他們沒有專注在這個動作而放鬆時，嘴巴就會張開或流口水，影響外觀。針對肌肉力量較低的部位及早並持續地鍛鍊，就能改善擾人的狀況並且增加個案的耐力與體力，而受到體力影響的注意力自然就會提升。

【如果孩子有以下表現，可能有臉部肌肉低張的問題】

身體姿勢

嘴巴容易開開的、合不上的樣子，專心或開心時會流口水

生活表現

1. 挑食：喜歡吃易咬、易吞的食物
2. 吃東西很快、懶得咀嚼很久
3. 常面無表情、臉好像很臭，懶得説話或咬字很含糊、講話快速
   ↓衍生問題：可能會個性變得比較陰陽怪氣、情緒不穩
4. 社交與人際技巧較差，團體活動時較常站在旁邊觀望

爸媽請注意！

該如何加強臉部肌肉？

1

飲食

1. 嘗試在飲食中加入一些有嚼勁、要嚼比較久或脆硬的食物：蒟蒻、珍珠粉圓、湯圓、粗麵條、肉乾、果乾、QQ糖、口香糖、較硬的麵包、起司條、堅果、較硬的餅乾、洋芋片、花生米、小魚干、小黃瓜、冰塊、五穀雜糧米……等等
2. 為了加強肌肉，可在喝水時使用吸管或飲用一些飲品，越細的吸管吸起來越需要用力，飲品則可選擇較黏稠的半固態，像優酪乳、米漿、綠豆沙，或用吸管吸仙草、愛玉、布丁等。因為口腔低張的孩子本來就不愛咬、不想用力又可能會囫圇吞，所以練習時不要放太多料，並以孩子喜歡的食物誘發動機，循序漸進地給，多鼓勵不勉強

2

加強技巧

1. 刻意練習各式各樣誇張的表情，用比較誇大的嘴型唸一則小故事或說話
2. 爸媽可幫孩子按摩臉部周圍肌肉，可以紓壓同時也幫助刺激肌肉
3. 吹泡泡，透過遊戲練習吹氣的動作

職能治療師分析：

教養案例

教養案例分享二：上肢肌肉

為什麼孩子很不會丟球，常駝背、站不挺，爸媽該怎麼辦？

7歲的男孩小柏因為排斥球類運動，讓熱愛籃球、排球、躲避球的爸爸十分不解，從小爸爸就努力地邀請小柏一起玩球，但無論怎麼有耐心地陪伴與教導都無法讓孩子喜歡球類，又因為小柏在玩球的過程中一直對自己的表現不滿意，所以漸漸失去信心，小學後就直接拒絕接觸球類了。

「從小跟他玩丟接球，他都很少接到，通常只會站在那邊等球來砸或是去追著球撿，而且到現在雙手抓單槓吊著還是撐不了三秒」爸爸無奈地陳述著。

除了球類運動不佳之外，小柏的上半身姿勢也不太好，駝背、站不挺，相較於下肢的肌肉，上半身確實是比較沒那麼結實，於是我問：「如果不碰球類的話，他有喜歡或是擅長什麼運動嗎？」

這樣問下來其實孩子蠻喜歡運動的，活動量不低，而且很喜歡跑步、騎腳踏車、游泳，直排輪也很擅長，但爸爸還是很想知道為什麼孩子沒有遺傳到他的球類運動基因。

評估之後發現小柏是上肢的肌肉張力較差，雙手手肘伸直時超過180度（圖1），從過肩高度丟球的表現不太好，可以想像他做投籃、搶籃板這類的動作肯定很吃力。此外，上肢肌力不足也會影響到動作反應的敏捷度，因此桌球、羽球、網球等也會是很令他感到沮喪的運動。

圖1

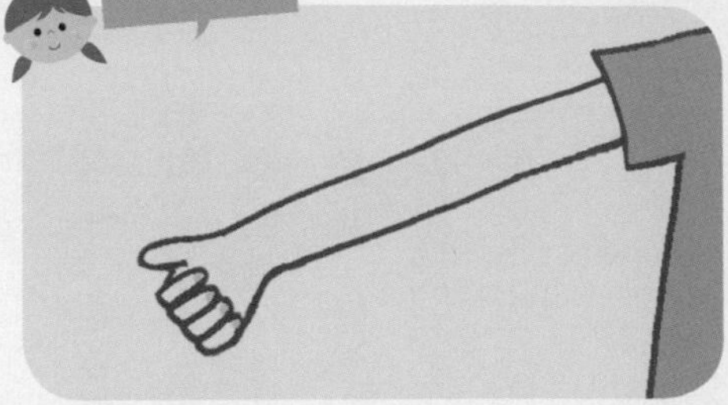

手肘伸直正常情況

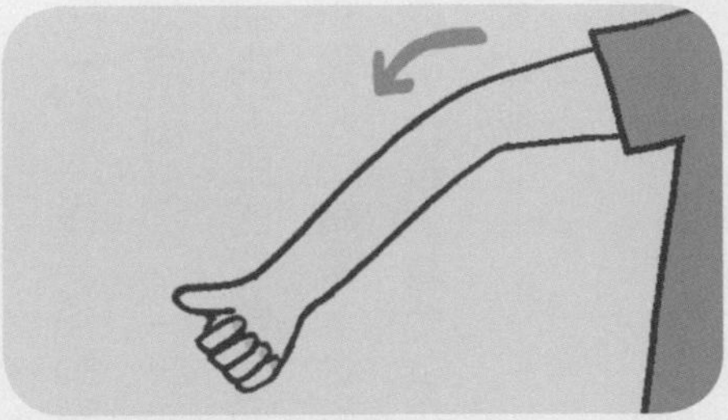

手肘伸直超過180度

於是我問：「小柏游泳時蛙式的速度應該比捷式快吧？」「對！您怎麼知道？這樣也能看出來嗎？」爸爸驚訝道。

爸爸以為多讓孩子運動並且讓他學游泳、跳繩，應該就能增加肌肉力量，但因為小柏做的都是全身性的有氧運動，又比較著重下半身，所以腿部肌肉越來越發達，但對於上肢肌力的進步就很有限。找到原因後，針對上半身的肌群加強訓練幾個月後，小柏開始願意跟爸爸一起馳騁籃球場了！

【職能治療師臨床推理】

曾經有位爸爸問我：「我太太是運動選手欸，為什麼我們的孩子還會肌肉低張？」後來發現原來是爸爸本身就有肌肉低張的問題，而且即便他聽完了低張的描述與評估結果後仍沒有自覺，像這樣的個案就屬於非疾病影響的低張問題，可能是不明原因或遺傳所致。

有些個案確實是某些肌群的力量天生就比較差，小柏的案例中，特別是上肢的肌力比較差，因此影響了需要上肢的運動表現，丟球丟不遠、接球接不準、揮球拍的力量不夠等，生活中拿東西也很容易手痠。若沒有特別留意的話，其實蠻容易被忽略的，大家都會覺得這不是什麼大問題，只要多練習應該就會改善，有些男孩因為這樣而不擅長球類運動，導致人際關係方面比較辛苦，但他們更辛苦的是心情：不知道為什麼別人就是接得到球？為什麼自己就是接不到球？這已經不是集中精神或加油打氣這般努力就可以成功的了！

肌肉低張影響運動表現時，並非反覆練習那項運動就會進步顯著，必須特別針對較弱的肌肉訓練才會更有效，若感覺統合與肌力兩者的加強足夠，是可以進步很多的，也能擺脫許多汙名與慢性痛苦，除了遺傳基因是一個原因之外，後天的因素來自於爸媽，通常父母親有肌肉低張的話，當然也就容易不喜歡運動、容易累，加上平常上班就很疲憊了，幾乎沒有精力帶孩子運動，這算是一種惡性循環，所以若遇到這樣的個案我都強烈建議全家一起運動，先離開家裡到室外，從遠離沙發、床和手機、電視並在家附近散步開始循序漸進。

不論先天是否肌肉低張，後天若沒有好好均衡發展感覺統合或運動的話，表現出來的樣子跟低張的模樣也很類似，乍看之下難以分辨，所以黃老斯建議一定要運動，但方向與方式必須正確。

職能治療師分析：教養案例

教養案例分享三：上肢肌肉

為什麼孩子寫功課寫沒多久就喊手痠、很累，手指還常受傷，爸媽該怎麼辦？

一對爸媽對於不知道該怎麼教導小二的女兒蓓蓓而前來諮詢，主訴是注意力不好，但一問之下發現蓓蓓其實常常情緒不穩定、易怒、動不動就喊累、做事情拖拖拉拉，都二年級了還不會自己簡單收拾一下書包，凡事都要大人一個口令一個動作。

這些狀況即使讓爸媽頭痛不已，但他們仍覺得是孩子年紀太小或是天生比較懶惰一點，多教導就好，也責怪自己也許是從小沒有讓蓓蓓養成好習慣所致。他們認為蓓蓓注意力不好的原因是她吃飯要吃很久之外，學校功課即使很少也要寫到晚上11、12點，途中孩子就多次表示手痠需要不斷休息，常常就這麼寫到哭出來，爸媽用了許多方式都無法讓她早點完成，搞得全家人睡眠不足、家裡氣氛烏煙瘴氣，孩子甚至開始不想去學校。

由於應付學業已花去大部分的時間，所以爸媽建議孩子先暫停學了3年卻進步緩慢的小提琴，這不僅是練習不足，爸媽更加不解的是為什麼蓓蓓每次練琴才站一下子就累，想坐著拉琴，學習態度不是很好，而且手指怎麼練習都按不好弦，本來認為可能是天分問題，三番兩次想要孩子打消繼續學習的念頭，但這舉動卻引起蓓蓓極大的不滿。

「我真的很喜歡小提琴！但我就是覺得累嘛！」話沒說完，蓓蓓眼裡的淚珠便開始打轉。我在評估蓓蓓的肌肉力量後發現她全身的肌肉張力都偏低，尤其是手指的肌力特別不足，所以治療室裡有的瓶罐轉不開、剪刀使用得不流暢、寫字也容易痠累，在學校跟同學玩丟接躲避球時手指也常挫傷、瘀青，這樣的狀況下學小提琴想當然是非常吃力。「蓓蓓辛苦了，黃老師知道怎麼幫忙你了，但你和爸爸媽媽要跟老師一起加油唷！」我安慰著她說。

其實蓓蓓在進入小學前應該就有類似的狀況，像是容易疲累、提一下東西就說太重、工具使用能力較弱、組合積木時也常拆不開、做事效率不好等狀況，若爸媽或老師等照顧者們能在嘗試過一些方式仍無法改善時，找找看是否有其他原因影響蓓蓓的話，便能避免許多的傷心難過與衝突。

而在經過一學期的加強後，蓓蓓現在小提琴進步很多，當然寫功課等問題也不再困擾他們了！

【職能治療師臨床推理】

不少女生的手力氣都不大，常見的是寶特瓶的瓶蓋轉不開、果醬罐子打不開、拉環拉不起來、手提包包提不久就會勾在手臂上等。臨床也遇到蠻多是因為手指低張而學不好樂器的，像是壓弦沒有力氣或位置跑掉按不好，但比較常見的還是寫字和工具使用問題，這是因為手指不擅長精細動作，且力量不足的關係。這樣的孩子其實到了成人後還是繼續會這樣，手的肌力不夠，導致出力做動作時容易會變成不正確的代償動作，然後手動不動就會扭傷或發炎，有像是媽媽手這類型的問題。

常聽到上了小學之後寫功課慢、動作拖拖拉拉的例子，爸媽們一般都是不斷地嘗試各種方法讓孩子能早點完成，五花八門的話術、獎勵和處罰，或是參考學習他人的成功經驗、教養祕笈等，但其實除了爸媽的教養方式或孩子天生個性的影響之外，有些時候可能是生理方面的原因造成孩子效率不佳，而蓓蓓就屬於這樣的案例，爸媽卻不容易發現或想不到是這方面的問題。

蓓蓓的爸媽來的時候還以為她是注意力不集中又個性不佳、挫折忍受度太低（請參照P.134）所引起的，根本沒想到會跟肌肉力量有關，肌肉低張本來就容易累，累了自然會注意力下降、情緒不穩，當孩子心有餘而力不足的時候，會更加沮喪。有的爸媽會認為孩子功課寫得慢是為了逃避責任或還不習慣學校生活，但其實有些狀況在進入小學前就能發現，只要多留心並早點瞭解孩子的狀況，就不用自己猜測或等到產生困擾才想辦法。

【如果孩子有以下表現，可能有上肢肌肉低張的問題】

身體姿勢

① 手肘會過度伸直超過180度（hyper-extension）

② 手腕彎曲時大拇指可以碰到前臂（圖2）

圖2

生活表現

① 運動表現：手容易疲、沒有力氣，所以用到手的運動都會表現不好，丟接球、投球技巧差；攀爬、攀岩、拉單槓等遊戲手都沒力

② 寫字很容易手痠和累，寫功課很慢或很痛苦

③ 工具使用、精細動作技巧差或力量不足：剪刀剪不好、釘書機壓不下去、打不開各種罐子、需要組合的物品組不好、綁繩打包或綁鞋帶沒力氣等

④ 接球、重複性的使用時手容易挫傷、扭傷：如抱孩子容易媽媽手、做事容易肌腱炎

⑤ 拿或抓東西很容易累、拿不動，如提包包喜歡用手肘彎起來勾著或掛在手腕上、背在肩上等

爸媽請注意！

該如何加強上肢肌肉？

【原則】現在的大人和孩子都比較少用到上肢肌肉，尤其是近端的肩膀，許多孩子因此造成近端的關節不穩定，進而使遠端的手指精細動作不佳、沒力氣，一般都會建議不要只有練手指的力量（不少爸媽都只給孩子練手部），而是要連整個上肢一起加強，不然效果可能會打折喔！

1 近端肌肉（肩膀、上手臂）

1. 本體覺篇提到的徒手遊戲（請參照P.122）
2. 球類運動、丟接球、過肩膀的高度
3. 伏地挺身、攀岩、拉單槓，多做把手抬高過肩的動作，像是幫忙做家事，打掃、搬動物品、收拾房間玩具、擦桌子、擦門……等等

2 遠端肌肉（前臂、手指）

1. 觸覺篇所提到的黏土遊戲（請參照P.070），可以進階玩大塊一點的
2. 本體覺篇所提到的手部運動（請參照P.120），可以視情況加強
3. 可多捏略大於掌心的彈力球、握力器……等等

特別收錄

訓練手部力量的黏土遊戲

爸媽可先示範給孩子看，帶孩子一起進行遊戲喔！

1. 手指壓洞洞、拉長長

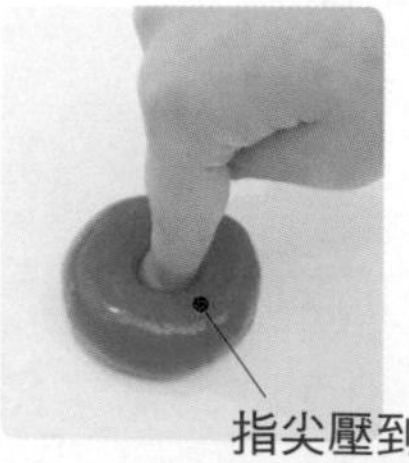

訓練目標：可分開訓練不同手指的力量。
示範黏土：硬度為「中軟」的運動黏土。
遊戲方式：把黏土做成厚度約1公分左右的圓餅狀，請孩子用不同手指的第一指節指尖分別按壓黏土，壓到底。（若指尖控制還不夠的話可用指腹）

◆ **參考玩法：**

玩法①：用指尖壓到底之後，用第一指節的指腹壓著，邊壓住邊往黏土外部拉長。（可比較自己哪隻手指壓最深、拉最長）

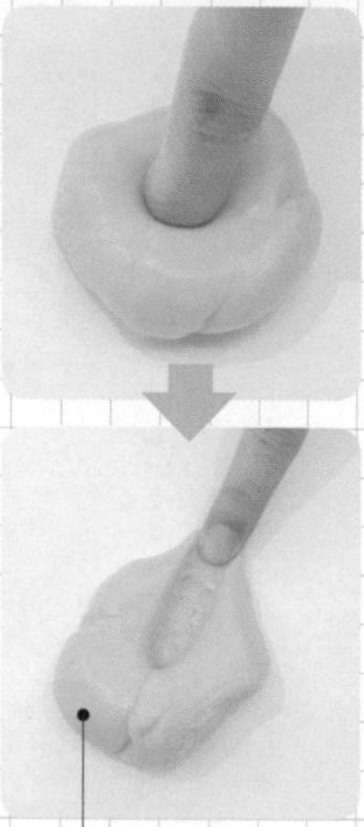

示範黏土：硬度為「中硬」的運動黏土

玩法②：可放小豆子或小珠珠，請孩子在黏土中找到後，用**玩法①**的方式把小豆子拉出來。

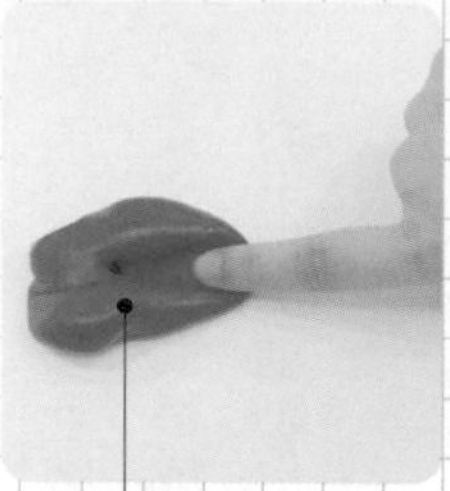

示範黏土：硬度為「中軟」的運動黏土

玩法③：可玩小競賽，大家比同一隻手指所拉出的長度，或是相同時間內可完成幾個標準的要求，或是同一時間內可以拉出的豆子有多少。

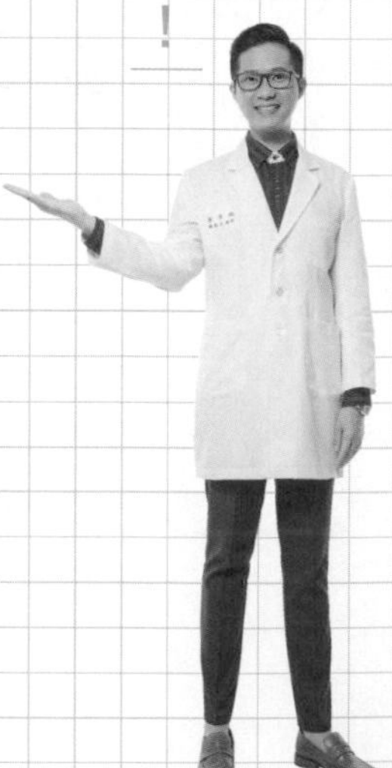

2. 黏土快手

訓練目標：訓練孩子捏的手指力量與穩定度，以及雙手合用協調度。
示範黏土：硬度為「中硬」的運動黏土
遊戲方式：把黏土做成粗條狀（越粗越難），用手指快速把黏土拔成指定數量的小塊，拔好後用不同手指壓扁扁做成餅。

①：揉成粗條狀

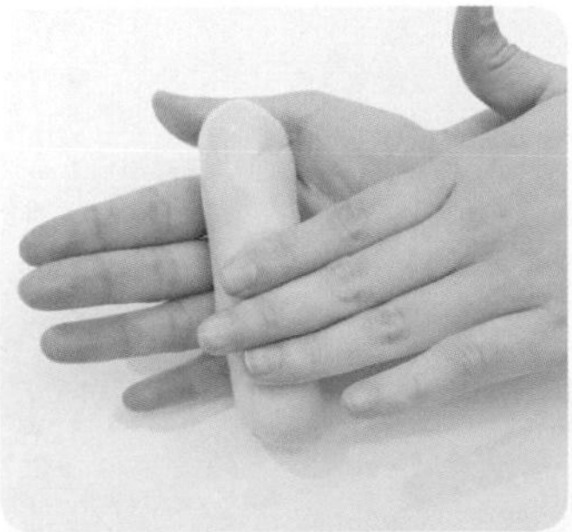

②：用手指快速拔小塊

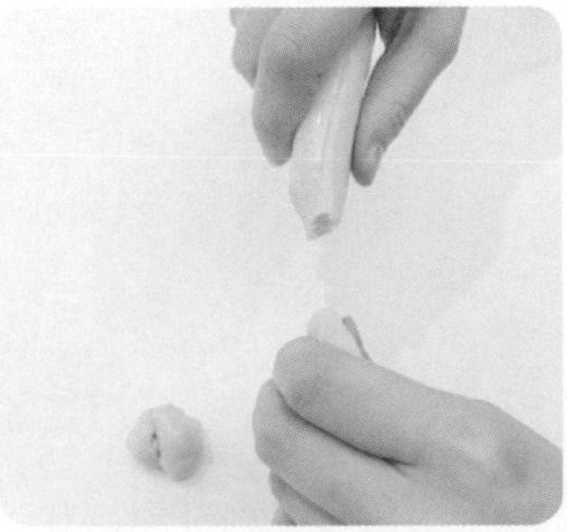

③：用不同手指壓扁做成餅

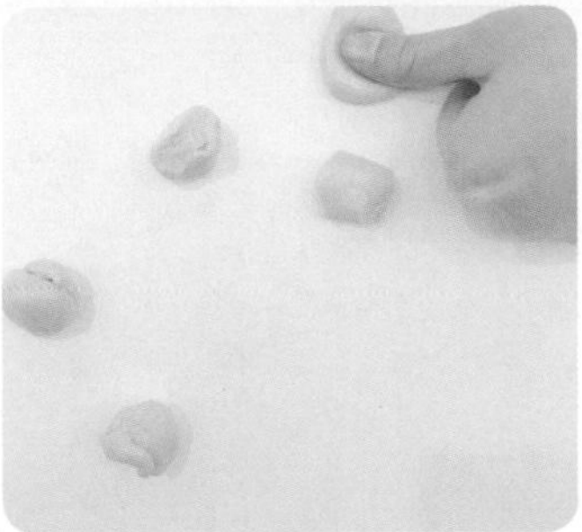

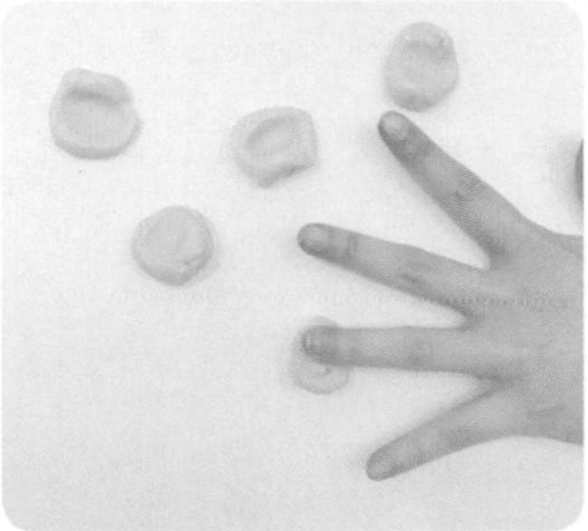

◆參考玩法：

玩法①：可用競賽方式增加趣味性。

◆注意：

這邊拔成小塊的狀況要提醒孩子避免黏土牽絲，要很俐落地拔，牽絲的不能算，要黏回去重拔。因為牽絲的話表示力量不足、速度不夠快。可視孩子情況調整難易度。

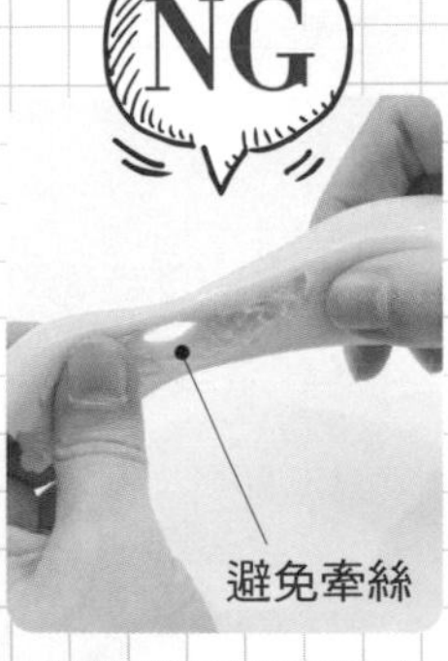

職能治療師分析：
教養案例

教養案例分享四：核心肌群（腹肌、背肌）

為什麼孩子總是像趴趴熊一樣坐著，站著時都好似沒骨頭，爸媽該怎麼辦？

小學一年級，身高有140公分的阿偉走進治療室時，我馬上就發現他的肩膀一邊高一邊低，也有圓肩的狀況，我本來還在想會不會是鈣質不夠或書包太重所造成的。172公分左右高的媽媽說阿偉的身高比其他同學都還高，但卻嚴重駝背到看起來像是135公分，怎麼提醒他都還是常彎腰駝背，不僅看起來很沒精神，孩子也常抱怨平常就已經很累了，還要抬頭挺胸跟坐正，讓他覺得更加疲憊，母子常為此鬧得不開心，一天當中要花很多時間在糾正姿勢。

跟媽媽談話同時，我請阿偉坐在椅子上拼裝積木，他坐在椅面的一半，上背部斜靠在椅背，下背部跟椅背中間隔著一個大空隙，一副隨時都要從椅子滑下去的樣子，再往下看發現他的腳勾著椅腳，正以一種巧妙的平衡讓自己維持在座位上。接下來的時間阿偉的姿勢仍不斷地變化著，但無論怎麼坐就都不是我們印象中的正確坐姿。

「老師您看，他就一直像現在這樣坐沒坐相，常常手撐著頭或托腮，講都講不聽，寫字看書時也這樣，跟他說這樣坐很難看也根本沒用。為此我跟他的班導師也吵了快要一學期，他一直說阿偉的學習態度很差、上課漫不經心，要我在家裡好好管教，甚至要我帶孩子到醫院檢查，我真的快被氣死了！一個這麼年輕的孩子怎麼會這樣就累？」

此時的阿偉已經直接趴在地上玩了，我的目光不小心從孩子的身上轉向了駝背講話的媽媽，而她似乎也察覺到了自己那不標準的坐姿：「唉呀，其實我跟孩子的爸爸也都這樣，姿勢不正確，看起來沒元氣又容易腰酸背痛，三不五時就要去給人按摩，還差一點就要脊椎側彎了。還不就是希望他別像到我們，所以才從小嚴格盯著，怕長大了就成習慣改不過來，結果居然講都講不聽！」

接著透過臨床評估再確認後，我告訴媽媽：「其實阿偉是屬於背部肌肉張力較低的情況，如果父母親有一方這樣的話，孩子也蠻容易出現這種狀況的，這需要針對肌肉低張的部位加強鍛鍊才行。不如您們一家三口一起運動吧！這樣孩子也不會覺得只有他被要求，還可以互相鼓勵呢！」

【職能治療師臨床推理】

肌肉張力正常的人，一般來說不需要特別提醒就能保持良好的姿勢，除非像是我們使用手機或電腦做事情而造成姿勢不良的狀況。如果在自然狀態下會「忘記」保持姿勢正確，並為該姿勢感到疲累，甚至已需要反覆提醒的孩子或大人，就有可能是肌肉低張的狀況了。最常見的姿勢不良就是駝背，而且核心肌群低張的孩子時常趴在桌上，因此容易引起大人的注意。此時會建議各位從肌肉力量特別弱的部位開始加強訓練，雖然比較辛苦，但力量練起來之後，姿勢與耐力都會有所進步，隨之而來的問題也會一一改善。背部肌肉較低張的孩子，在做小飛機（請參照P.124）這個動作時會很吃力、姿勢不標準或無法完成，一般認為至少要撐到30秒，但有肌肉低張的孩子很快就會手腳掉下來或一直動來動去，臨床評估也常用此動作來觀察孩子的背部肌肉。

職能治療師分析：
教養案例

教養案例分享五：核心肌群（腹肌、背肌）

為什麼孩子會駝背挺著肚子，沒辦法從躺姿直接起身，爸媽該怎麼辦？

「黃老師好！」一位可愛的幼稚園大班男孩小隆挺著肚子又駝背，站在門口跟我打招呼。經典的站姿，一看就知道是肌肉低張的孩子。

媽媽一進治療室就告訴我：「小隆看書、畫畫、寫字時都趴在桌上，講都講不聽，有時候跑步還會喘不過氣，我們都很擔心他會近視或長大之後有脊椎側彎的問題，想順便來問治療師您有沒有什麼辦法可以幫助改善他的姿勢。」因為要跟媽媽先聊一下，我拿了張著色圖請小隆畫，過了才不到十分鐘的時間孩子就已經坐得歪斜，時而趴、時而托腮，後來靠著椅背呈現整個人快要滑下去的樣子，最後甚至盤腿跪坐在椅子上。

做了評估測驗之後確實發現小隆的腹肌力量較弱，別說仰臥起坐了，連從躺姿直接起身都沒有辦法，要側身用手肘撐地板或抓著褲子才能坐起來。看到小隆連一個仰臥起坐都無法完成的媽媽驚訝地說：「我根本沒有想到小隆的肌肉力量會這麼差，畢竟在家沒事也不可能會做這種運動。而且我看他常常自己跑來跑去、活動量還算大、也很有活力，晚上常常還會不想睡，怎麼看都不覺得他會沒力氣，所以我們都覺得他的姿勢不良是態度問題，不能讓他養成這個壞習慣。」

不只是腹部力量差，小隆整體的運動反應

速度都不太好，所以雖然看起來活動量大，卻不喜歡從事需要技巧性的運動或團體遊戲，多半是自己跑跑步、自己玩，而且評估時還發現小隆跑步並沒有很快。「因為別人都表現得比較好，他們有時候會笑我，所以我就不想跟他們一起玩，自己玩比較開心。」小隆在嘗試好幾次仰臥起坐都失敗後，看著我們喃喃地說。

媽媽這才發現小隆上學不快樂的原因，本來以為是姿勢常被糾正覺得老師很嚴格、不喜歡老師，沒想到原來跟同儕互動也出現了問題。媽媽感嘆地說：「肌肉有沒有力量的影響層面這麼多，真的太難想像也很難想到是這個原因，好險我有帶孩子來評估！」

【職能治療師臨床推理】

腹部肌肉低張的孩子及大人，不論胖瘦常常都會挺著一個肚子或有很大的小腹、體態不好看，如果有這樣的情形不妨做個仰臥起坐試看看是否能動作標準。

肌肉張力低下也有程度之分，若非疾病或腦部神經造成的嚴重狀況，一般來說都不太會被發現或注意到，但卻會影響生活當中的小細節，實在是令人苦惱。而越早開始給予適度地運動訓練則越有幫助，若到了小學過後或長大成人受到影響才發現肌肉低張的話，就需要更多、更努力的訓練才能達到預期的的效果，但因為長久以來已經習慣不勉強自己了，所以通常會很不喜歡活動，若要認真地鍛鍊，在生理及心理方面都會比一般人辛苦很多。

【如果孩子有以下表現，可能有核心肌群（腹肌、背肌）低張的問題】

身體姿勢

1. 坐著或站著時都彎腰駝背、肚子挺出來
2. 坐沒坐相：有各種坐姿，但就是不會好好坐直，很喜歡靠著椅背
3. 喜歡趴著寫作業或手撐在桌上托腮

生活表現

1. 影響生活與運動表現：反應較差、動作慢、不敏捷
2. 姿勢不良可能會胸悶、呼吸不順，頭部氧氣不足就容易昏沉、專注力不好
3. 容易腰酸背痛或受傷、閃到腰
4. 有可能衍生出脊椎問題，如脊椎側彎、椎間盤突出等

爸媽請注意！

該如何加強核心肌群？

【原則】核心肌群是維持身體姿勢以及保護我們軀幹很重要的肌群，核心肌群強壯的話就像是穿著馬甲或盔甲一般，但往往也很容易被忽略。核心肌群力量較差的話，不只是姿勢不良，做很多動作或運動的效率也會不好，因為不夠穩固，就有可能容易受傷，像是閃到腰、扭到或是脊椎位置跑掉而造成壓迫，現在因為核心肌群力量不足造成腰椎受傷的年齡層逐漸下降，也有因此脊椎側彎的個案。所以不論年紀大小，不論是否核心肌群低張，好好鍛練這部分的肌肉都是這輩子非常必要的功課，建議鍛鍊採取高強度、低頻率，以緩慢的方式執行會有比較好的效果。

加強核心肌群運動

1. 棒式，撐著至少30秒到一分鐘（動作請參照P.124圖1）
2. 仰臥起坐，雙手抱胸不放頸部，雙腳可以彎曲拱起，不可因求快而使用慣性把身體帶上來，進階的話可以手拿水瓶來增加重量
3. 採取躺著的姿勢將雙腿伸直，腳板下壓，做打水的姿勢，腳離地10～15公分（腹直肌）
4. 小飛機，四肢及頭頸都上抬離地，雙手雙腳向前伸直，肚子在地上，至少持續30秒到一分鐘（動作請參照P.124圖3）
5. 腹式呼吸，吸氣到肚子而不是胸腔，鼻子吸氣後用嘴巴吐氣
6. 兒童體操、瑜珈、皮拉提斯運動

職能治療師分析：
教養案例

教養案例分享六：下肢肌肉

為什麼孩子不擅長站立，常重心不穩難以久坐，爸媽該怎麼辦？

看著快三歲的女孩甜甜在治療室內開心地玩著遊戲、跑來跑去、爬上爬下，走平衡木時如履平地的樣子，媽媽對著我說：「黃老師，真的好難想像她之前還不會走路的樣子欸！很感謝您的協助，我也感謝當初那個不顧眾人的反對還是帶女兒來評估的自己！」

甜甜來的時候一歲兩個月，別說還不會扶著東西站立，根本連爬行都還不太會，以一般廣為人知的「七坐八爬」里程碑來說，都14個月了還只能勉強靠著牆坐一會兒，而且坐姿還是W-sitting（圖三）。經過各種檢查與評估後，她的認知、語言、精細動作、社交等發展確實都符合該年紀發展里程碑的程度，但下半身的肌肉力量較差，因此從爬行開始受到影響。

圖3

甜甜一直都不愛爬行，腿部的動作及協調也不好，光要她坐在椅子或是地板上都像要打仗一樣被她哭鬧拒絕，好不容易坐了起來卻坐得既不穩也不持久，大概三十秒就會倒，一直抓不到重心，甚至一定需要靠牆或有人在旁協助，加上孩子本身的個性對於挫折的忍受度較低（請參

照P.134），只要大人試圖扶著她站立就會哀哀叫，不願把腿伸直踏地承重，正因為如此，照顧者們便也就沒有特別勉強孩子，環境刺激量日趨不足，到哪裡都是抱著、揹著，很少落地。

還記得剛來到診間的甜甜令我印象十分深刻，因為她面無表情地趴在地墊上一動也不動，不論拿什麼有趣的玩具吸引她，即便很想要拿來玩，但就是寧願大哭大叫也不肯移動身體一公分。

即使爸爸想繼續等待孩子自己站起來，媽媽還是執意瞞著公婆，不管他人將會用什麼眼光看待女兒跟自己，決定邁開腳步來到了醫院。「我想知道除了等待，我還能做些什麼？到底孩子為什麼會這樣？」

這是我們見面時媽媽說的第一句話，聲音中還有些顫抖。我知道她是鼓起了勇氣才來的。

甜甜媽總是跟家裡的人說是帶孩子出來走走散步或買菜逛街，趁著空檔趕緊飛奔來醫院。頭幾次上課，甜甜大哭，媽媽也跟著哭，因為在這裡很難得會有爸媽、孩子一起大哭的聲音，一開始哭到同事都跑來關心，以為治療室裡發生了什麼事情……

其實我只是讓她練習坐著，有時練習一點點爬行（因為她幾乎不肯動）還有一點被動地站立。隨著時間過去，除了上課，媽媽也很配合地按照進度回家幫助孩子練習，甜甜進步的速度越來越快，由於站立後的視野也會更寬廣，在腿部的力量增加後，探索環境的動機大大地提升，從牽著走幾步路就要賴在地上或趴或滾，到現在整個治療室滿場跑，跳房子也不成問題，雖然評估後還有點進步的空間，但整體已經跟上發展里程碑並且表現地可圈可點。漸漸地，家人看見孩子的進步，也都轉而支持媽媽的行動。

【職能治療師臨床推理】

肌肉張力偏低的孩子有可能動作發展較慢，只要不是疾病引起，終究都會跟上。就算甜甜沒有來做職能治療評估也不會因此無法走路，但首先還是需要確認原因，知道是肌肉低張造成的發展較緩慢後，就能針對需要加強的部分訓練。不過，既然並不會因此無法走路，我猜想或許還是有人會認為甜甜媽太過於小題大作，根本只要再等等，孩子大一點就跟上了，有必要孩子才這麼小就緊張兮兮的嗎？這樣的話我就想問了，如果真的等了也沒有好轉該怎麼辦？

「發展遲緩」除了先天遺傳或疾病因素造成外，還有一種是後天環境刺激量不足所致，有時候兩者的表現型很類似，需要進一步檢查確認。一般大眾見到此景，多半會再等等，認為是每個人的發展速度不相同，或是錯以為去醫療院所評估諮詢是有生病才要去的，自己的孩子又沒病為何要去？又或是擔心身旁親朋好友的輿論壓力而不敢來尋求專業……等等。

黃老斯曾經遇過一個孩子跟甜甜的狀況很像，後來評估才發現原來是媽媽很怕曬太陽，所以鮮少出門，再加上孩子嚴重偏食，所以營養不足，身體缺乏鈣和維生素D，孩子的骨頭發育不良導致年齡到了卻無法好好站立及行走，被診斷為「營養性佝僂症」，這必須提早補充營養並搭配治療，且需要仔細評估才行。

我瞭解要踏進醫院是件多麼不簡單的事情，所以才想透過這本書讓爸媽放心、讓爸媽們更加瞭解自己的孩子，不需要猜測、擔心或只是等待。不過我還是要說，來找醫療專業人士並非幫孩子定罪或貼標籤，反而可以確認孩子的狀況是個人發展速度、先天疾病或環境刺激量（教養照顧）問題，因為有所謂的「黃金期」，一旦耽誤，後續再怎麼加強訓練效果都很有限，所以才會希望爸媽們不要太過於放心，但也無須大驚小怪。

對於「帶孩子來醫院做早期療育評估及治療」這件事情，是許多大人的心魔。所以這也成為了黃老斯想努力宣導的觀念：孩子發燒、咳嗽、腹瀉或生病了，爸媽都會焦急地帶孩子去醫療院所給醫療專業人士檢查、治療及處理，同樣的道理卻未必能落實在孩子的身心各發展。健康檢查是健康的時候做的，早期療育評估則是在發現有點狀況之後幫助我們確認孩子狀態的程序。

不少爸媽對於孩子的身心發展狀況都會抱持「靜待花開」的觀念，等待含苞的花朵綻放那日、等待大雞有天宏亮地啼叫出令人放心又驕傲的聲音，但這對我們專業人士來說，根本是一場賭注。身為爸媽的您輸得起嗎？

聖經傳道書3章寫到：「凡事都有定期，天下萬務都有定時……醫治有時」介入療育最有效的黃金期並找到適合教導、對待孩子的方式，真的可以扭轉他們的人生呀！

職能治療師分析：
教養案例

教養案例分享七：下肢肌肉

為什麼孩子走路會內八，站也沒站相，爸媽該怎麼辦？

小學二年級的男孩小豪對足球非常有興趣，但上了快兩年的足球課表現卻不甚理想，還常被教練說態度不佳，加上他走路又常跌倒、平衡感差，運動起來不是很敏捷，這些都讓孩子覺得很灰心，進而變得很容易說負面、自暴自棄、否定自己的話，因此想來評估看看是不是在身體動作發展方面有什麼問題造成的。

我繼續問了媽媽為什麼教練會覺得孩子態度不好？媽媽無奈地說：「還不就是因為他站沒站相，聽教練講話時總是站個三七步又駝背，眼睛還飄來飄去都不專心聽，教練教他踢球都學不好、專注力差，跑步常被自己的腳絆倒，踢球也踢不準，我們看他這樣辛苦又一直無法從中得到成就感，勸他別學了他卻生氣地說這是夢想，問他為什麼不好好練習？他就哭著說我們都不了解他……」

別看小豪年紀小小，他的煩惱也是不少，媽媽說他還有一件心事就是常被同學笑動作很娘娘腔，因為孩子站著跟走路時都會內八字跟輕微地X型腿，看起來雖不到搖曳生姿但與那個感覺也差不多了，小豪真的是身心都很煎

熱，常對自己很生氣，又要不斷承受從同儕而來的玩笑話，也因此常被足球教練指責。

評估後發現小豪是核心肌群與下肢的肌肉張力較低，而下肢肌肉又再差一些，雖然努力練習足球對於腿部肌肉會有所幫助，但若沒有特別針對張力較低的肌肉加強訓練的話，運動

的表現就會遇到界線，加上肌肉低張造成體力較差而容易有分心的情形，此時一定會姿勢不良，帶給他人的視覺觀感就與態度不好很相像。

雖然小二才來諮詢，但趕緊加強訓練都還有機會。當我在跟媽媽解說時，小豪如覓知音一般點頭如搗蒜地附和著，媽媽也因為找到了兒子痛苦的原因而眼中泛著淚光對孩子說：「不好意思，媽媽應該早點來諮詢的，這段期間都誤會你了。」我拍拍小豪的頭對他說：「接下來的日子，你要好好配合黃老師唷！」經過半年左右的課程後，小豪不只足球的表現進步了，也開始學習跆拳道，體態越來越挺拔，像變一個人似的。

【職能治療師臨床推理】

核心肌群和腿部肌肉張力較低，所以會姿勢不良，站姿容易變成三七步、駝背、內八與X型腿，有的孩子走路常會膝蓋相撞甚至跌倒，下肢力量較弱，在衝刺、腿部的反應、速度方面就會受到影響。

肌肉低張的表現與後天缺乏運動鍛鍊的樣子幾乎一樣，沒有經過評估會無法正確判定，且肌肉低張的人本來就比較容易疲累，也因為肌肉力量弱而容易不想運動，變成一種惡性循環，他們本身根本無法控制，好像控制身體的意志力完全與他們無關，大人很容易因為不了解他們這種狀況而加以苛責，孩子覺得有苦難言，情緒可能會容易低落負面。其實也有爸媽從孩子小時候就發現他們可能體能比較差、協調能力沒有那麼好、沒什麼運動細胞等，就及早地送他們去學各種不同的運動或是訓練他們，若孩子的狀況與所選擇的運動方式剛好合適，就能達成期待的結果，但若不搭的話，可能無法盡如人意，畢竟大家從前面看到這邊就會知道如果是感覺統合相關問題就會有很多種組合與可能，肌肉低張也只是其中一種。

黃老斯曾經遇過有爸媽的孩子體能較差，聽了朋友建議說要帶他去爬山、游泳、跑步及跳繩，從大班一直到小學三年級都這樣親自陪著，但孩子仍舊常常喊累、運動表現很差，後來決定來評估才發現是肌肉低張的問題，針對孩子的狀況量身訂做合適的加強方式，他們也很努力地貫徹執行，一年不到就進步很多了！

職能治療師分析：
教養案例

教養案例分享八：下肢肌肉

為什麼孩子時常腳痠、腳痛，甚至連走路都討厭，爸媽該怎麼辦？

小學三年級的女孩小彤因為常抱怨腳痠又腳痛，被媽媽帶來治療室。媽媽說：「從小她就不喜歡走路，走沒幾步路就唉唉叫，說要坐車或是討抱抱，推車坐到快三歲，為了戒推車我們就把車子送人，結果反而變得更沒辦法去遠一點的地方，孩子動不動就抱怨腳很痠，跑步也容易跌倒。雖然每次我們都很傷腦筋，但還是會順著她，不然一鬧下去大家都很難看，不理她的話她就哭個不停，我也嘗試處罰或打她想讓她怕，結果反而哭更大聲，曾經還有人以為我虐待兒童咧！上小學後也沒改善多少，走不到兩百公尺就喊累，在學校一開學才上幾次體育課就扭到腳踝，之後就怎麼也不肯上課，說要休息或去保健室，大家都不知道這個傷的到底是真的還假的，是不是在逃避什麼還是真的天生懶骨頭？學校老師試過千方百計也還是沒辦法，所以建議我們來醫院評估看看是不是腳或身心有需要治療的地方。」

小彤一進治療室就找椅子坐下來翹個二郎腿，我聽完媽媽初步描述後，請她站起來跟我做一些評估動作時，她非常不甘願地連眼睛都不看我、臉色十分不好看，一副氣呼呼又不耐煩的樣子，態度很不好，在一旁的媽媽後來看不下去顧不得我在一旁可能會尷尬就直接開罵：「小彤你再這樣給我試試看，回去你就知道了！」

檢查及評估後發現小彤有足弓塌陷，屬於柔軟性扁平足，承重踩地時足弓就塌陷，而且下肢整體的肌肉張力也較低，站著沒多久就變成三七步或雙腳交叉的樣子，站姿時膝蓋都往後頂（back knee gait）（圖四），肚子也常常挺出來。媽媽看著小彤對我說：「黃老師，您有辦法讓小彤多運動嗎？都這樣不動又一直吃，越來越胖怎麼辦？她很喜歡韓國的女子團體，想變得跟她們一樣漂亮，但這樣子還有希望嗎？」我轉頭看小彤始終一臉不開心的樣子。這樣的女孩，腳瘦真的是家常便飯，當然就不喜歡運動，加上爸媽從小只要孩子不肯走路就以為是孩子愛撒嬌，出於心疼或拗不過便妥協地把她抱起來，鍛鍊足部肌肉與韌帶的機會自然也就減少了。

此外，腳踝附近的肌肉較弱，容易因運動或走路造成姿勢不正確而扭傷，所以就越來越不喜歡及害怕運動，這一切都是從身體狀況而來，卻漸漸地影響了個性。我跟媽媽解釋完孩子的狀況後說：「孩子的運動要循序漸進，不要一下子太多，好好按照我的建議來練習的話情況就會好轉的，但前提是要很努力，因為你們有點晚來了唷！小彤呀！你要是好好運動的話，就有機會變成你喜歡的那樣健康又漂亮喔！」小彤聽了之後眼睛一亮。

「曾經我還以為小彤是心理問題，太過嬌

生慣養、有公主病才會這個也不行、那個又很累，原來肌肉低張的表現還會這樣呀！還有救就好了，謝謝老師！」媽媽恍然大悟地說。

後來媽媽很認真地執行運動計畫，小彤也出乎意料地配合，所以體力與肌力都在短時間內進步很多，小彤也因此瘦了幾公斤，她開心得不得了，最後一次上課時她還告訴我：「黃老師，現在我很喜歡運動唷！」

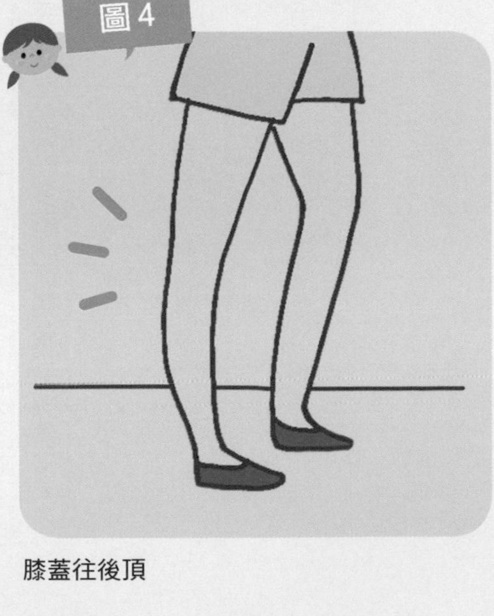

圖 4

膝蓋往後頂

【職能治療師臨床推理】

肌肉張力偏低的孩子，因為容易累的關係，很常使用哀兵政策或撒嬌讓大人心軟，不然就是大哭，也有些狀況是照顧者比較容易擔心孩子受傷或有意外，所以減少給孩子在外面走路或玩耍的機會。爸媽很常抱著、較少讓孩子接觸不同材質的地面及大動作的活動，多半只從事靜態的活動（玩車子、積木、玩偶、讀繪本、塗鴉等）。

我曾遇過一個案例是孩子在外很少落地，甚至三歲前都不曾在大公園或大自然中走路，這樣的孩子在感覺統合等環境的刺激相對較少，動作發展方面也就比較慢，肌肉力量較差，走路、跑步都很不穩。

若持續度過「選擇性的刺激」這種生活，因肌肉力量所致的問題在未來就會慢慢地浮現。足弓塌陷的狀況算是常見到的例子，下肢肌力較差若影響到足弓，則會塌陷，平衡感會不太好，需要用到腳的運動都可能表現不佳，如：足球，或是有大量跳躍動作的運動，如：籃球、排球等，反應與協調也會比較差。

一般來說，有這樣狀況的女孩們或許一路長大到成人也能順利，頂多就是體育成績與表現比較差，給人的印象就是不愛運動或文靜嬌弱。同樣的狀況若發生在男孩身上結果就差很多了，畢竟男生的社交有不少機會是透過運動，尤其是籃球。若男生因為肌肉低張造成運動表現不佳，在成長的過程中可能會遭受到同儕無法諒解的眼光，甚至人際關係與自信心受到影響。

所以真的希望照顧者們能具備相關知識，而後從一些小地方多多觀察孩子，及早發現需要加強的地方，就能抓到黃金期並且減少親子關係方面、孩子身心方面許多不必要的壓力與痛苦。

【如果孩子有以下表現，可能有下肢肌肉低張的問題】

身體姿勢

1. 站著時膝蓋過度伸直（請參照P.175圖4）
2. X型腿，走路時膝蓋會碰到
3. 內八字
4. 喜歡或習慣站得歪斜、三七步、腳交叉
5. 坐著時喜歡翹腳、跪著，**w-sitting**（請參照P.166圖3）時居然會覺得舒服

生活表現

1. 容易膝蓋痛、膝窩痛
2. 容易腳痠或腳底痛，走路走不久，易覺得累
3. 腿容易沒有力氣，影響運動表現：跑步跑太快易跌倒、跳不高、瞬間反應不夠好、平衡感差
4. 足部的狀況：
   (1) 足弓的弧度不夠明顯或整個塌陷，很難買到覺得舒服的鞋子
   (2) 易有足底筋膜炎或腳踝扭傷、腳踝翻船的情形
5. 有可能大動作發展較慢

爸媽請注意！

該如何加強下肢肌力？

【原則】其實下肢肌力比起其他肌肉更容易加強，因為走路及移動時都會用到腿部肌肉，所以只要生活中少坐著，多站、多走、多跑就能鍛鍊到。此外，各種運動都可以：直排輪、腳踏車、蛙式游泳、慢跑、球類運動，但建議先加強局部肌肉，盡量不要在肌肉更有力量前只是一直重複做以上運動，就像球員會為了球場表現更好而做重量訓練一般，先打好基礎的話運動會更加得心應手，且也可能有因為肌力不足，而在運動時姿勢不正確造成受傷的風險，例如為了加強下肢肌力一直跑步卻沒特別練腿部肌肉，因姿勢不對容易扭傷或膝蓋痛。

1

加強腿部肌力

1. 本體覺篇的跳跳類型（請參照P.121）
2. 橋式：手可以碰到腳踝的距離，膝蓋跟肩膀要呈一直線，至少一分鐘到兩分鐘，亦可鍛鍊到核心肌群（請參照P.124圖2）
3. 蹲馬步、深蹲，進階的話可以深蹲跳起、單腳深蹲
4. 多上下樓梯或走有坡度、高低起伏的地面，像是路邊斜坡，少搭電梯
5. W-sitting（請參照P.166圖3）的孩子改以盤腿坐姿，改善髖關節

2

加強足踝肌力

1. 金雞獨立單腳站，進階可以單腳跳，原地活動熟練之後可改為向前活動
2. 腿部拉筋：小腿、大腿
3. 用腳趾做剪刀、石頭、布，進階可做腳趾的波浪舞
4. 雙腿打開與臀部同寬，腳趾全部張開向上站10～15秒，進階可以單腳站方式進行
5. 雙腿懸空，把腳下壓，用腳寫名字數字0～9或英文字母等

職能治療師分析：
教養案例

教養案例分享九：全身肌肉

為什麼孩子不喜歡遊玩，且容易一失敗就翻臉？這麼難服侍，爸媽該怎麼辦？

爸媽帶著5歲的男孩小禹來治療室，訪談時媽媽不等我問基本資料，也不顧孩子在場，便情緒激動地告訴我：「黃老師，我為了處理這個孩子的狀況，特別辭掉工作全心照顧，結果還是不知道該怎麼辦，我真的不知道還能做些什麼了！到底還要我怎樣？為什麼這孩子

這麼讓人費神？我跟我先生被他弄到睡都睡不好還要吃藥了，真的很累！」

詢問之下，原來是小禹情緒十分不穩定，根據爸媽的說法是「很難服侍」，翻臉比翻書還快、陰晴不定，上一秒還笑笑地，可愛到能把人融化，下一秒可能就不知道為什麼大鬧脾氣，一哭可以哭整晚，很難安撫。我接著詢問基本資料、出生史、過去病史、發展史等，都感覺不到有什麼異常，小禹在我跟爸媽訪談時，也都乖乖地「躺」在地墊上。

我問：「小禹在幼稚園的表現如何呢？學校老師是否有跟您反應些什麼呢？」

媽媽很不解地說：「學校老師都說他的表現很好，乖巧有禮貌又會分享，跟同學們相處融洽、人緣也不錯，雖然有時有點小狀況、鬧個小彆扭，但比起其他同班同學，他大致上算是很好帶的孩子，我聽到時也是嚇了一跳，想說這真的是我的孩子嗎？老師絕對想不到小禹在家是個呼風喚雨的小霸王，他在外竟然還能得到稱讚……」

「那他的體育表現如何呢？活動力怎麼樣？」我嘗試找一點線索而問著。聽了爸媽的描述後，我就覺得自己應該問對方向了。

「他的活動力比班上男同學差一點，沒有很喜歡跟大家一起玩，尤其是要競爭的遊戲、球類運動更是不擅長，常常接不到球就算了，跑步也時常跌倒，基本上我帶他出去玩他都很掃興，根本無法跟他玩丟接球，因為他只要沒有接到或投準，就會立刻變臉說不要玩了，或說一些他本來就不想玩都是我們一直逼他等諸如此類的氣話。我們起初都覺得他只是很愛撒嬌，從小走沒幾步路就要我們抱，很愛靠在我們身上，是那種把全身力量放在你身上那種靠著唷！不然就是有牆靠牆，一上公車捷運就找位子坐，到了五歲還這樣，挫折忍受度（請參照P.134）又低，似乎有點過分了。很想知道我們做父母的是不是哪邊沒有做好？」爸爸無奈又自責地說著。

而孩子從進來治療室後便靜靜地「躺」在地墊上滾來滾去，對於教室中的玩具與器材沒有特別感興趣，頂多就是走過去看看，像是巡視

一樣，許多孩子見到五花八門的器材都想嘗試去玩，此景確實是不太一樣。

於是我布置了一個很簡單的小闖關遊戲路線，小禹果然平衡感不佳，丟沙包都丟不進也接不到，正如小禹爸描述的那樣，起初他的情緒都還很平靜，不過當走到第七趟的時候，小禹一個重心不穩，腳從平衡木上滑下來，稍微輕輕地跌倒後就開始大叫大哭著要回家，說治療室很爛，他根本不想玩。

能在第一次評估就見到這麼完整的變化，讓我更仔細地看見了孩子的問題。評估結束之後發現小禹有感統的問題，而且全身肌肉低張，因此以上的狀況對我們來說都是理所當然的。找到原因後，我好好地跟小禹爸媽解釋，他們覺得所有的情境都串連起來並有了答案，終於解開疑惑，能夠好好地對症處理真的太好了！

【職能治療師臨床推理】

基本上，全身性肌肉低張就是上述的身心狀況都有可能發生，但各部位的狀況不太一樣，在此整理一個簡單的表格讓大家可以更清楚瞭解全身肌肉普遍低張的人會有的表現。

● 身體狀況

1. 表情較少、沉默寡言、不注意時會嘴巴打開或流口水、說話咬字不清或要講話覺得累
2. 姿勢不良（坐沒坐相、站沒站相）：
   (1) 常彎腰駝背，喜歡趴著、喜歡翹腳、站三七步
   (2) 坐著跟站著都會把肚子挺出去（couch potato）
3. 腳內八字、足弓塌陷或足弓的弧度不明顯
4. 常常覺得精疲力盡、很累
5. 反應很慢：球類運動、協調性的運動或舞蹈都很不擅長
6. 導致後果：容易脊椎側彎、椎間盤突出、常全身痠痛或肩頸腰背痛、身體某處肌肉太緊（姿勢錯誤造成）、腳痠、手痠，胸悶吸不到氣、常受傷（腰閃到、腳踝扭到、膝蓋痛）

心理層面

1. 太容易累，常常會心有餘而力不足
2. 有抱負，但都無法好好實踐
3. 內心世界會沒自信、常有負面想法、對自己這種狀況有很多不解
4. 想要躺著、想要發呆跟不自覺恍神
5. 睡不飽、可以睡很久

他人觀感

1. 小時候愛撒嬌黏人、愛討抱抱、不喜歡自己走路
2. 懶惰、不喜歡動、沒骨頭、軟趴趴
3. 害羞、太文靜、太斯文、很愛睡覺、常恍神放空發呆
4. 態度看起來很差：別人講話都好像沒在聽、站三七步或是趴著
5. 看起來很有活力地跑跑跳跳，但做某些事情或要專心時就很容易累，一開始很有活力但一下就沒電了
6. 不太能專心把事情做好
7. 很懶得有人際互動、沒耐心、容易生氣
8. 眼高手低、好高騖遠，意志力很差

全身低張的孩子給人的印象通常是懶散、不積極、動作很慢、沒什麼活力、不愛運動，還有一點很明顯的就是體力很差。我常說低張的人很像是壞掉的電池，明明充電就有充滿，但怎麼一下子就沒電了？稍縱即逝的體力造成耐心不夠、情緒不穩，在充滿電的時候鬥志高昂，但一下子就發現太累了做不到，大人、孩子都是這樣，因為有低張情況的人要把很多電力用來維持別人都覺得不費力的事情，像是坐好、站直、挺胸、把嘴巴好好閉著、維持平衡，所以專心讀書或工作時為了要節省能量消耗，就會採用最省力又舒服的姿勢——不好看又傷身體的姿勢。

因此，低張人只要把寶貴的體力投資在一、兩件事情後，其他事情就沒有力氣做了，若投資在讀書或工作，要他運動就會很艱難，他也覺得很痛苦；若投資在運動，他就沒有力氣讀書或工作了；若投資在其他興趣，有可能就無法做其他該做的事情，總是無法面面俱到。

黃老斯臨床看過各個年齡層的肌肉低張個案，從幼兒園到就業的上班族、當了父母親的大人們都有，所以很清楚可以知道各種類型的低張孩子長大後會有什麼表現。普遍來說，全身性低張的孩子長大之後都還是會延續上述那些特點，常遇到的案例有：中學生是大考失常，因為讀書的續航力不佳，小考都考得不錯，大範圍考試就沒辦法勝任而考不好；學生的部分最嚴重的就是無法把學業完成，只想賴在家裡休息，甚至還出現了一些精神相關的疾患，如躁症、憂鬱症等。很難想像吧？有些憂鬱症個案的原因居然是因為肌肉低張的關係，但真的是屢見不鮮呀！

而低張人開始就業之後就會覺得上班異常辛苦、很累，因為一直以來也沒有運動習慣，下班當然沒力氣也不想去運動、脾氣很差只想睡覺或放空，容易腰酸背痛、身體很緊或僵硬感如同上述，之後若結婚有了孩子的話也不太會帶孩子們做運動，喜歡靜態、省力不麻煩的活動。全身低張的大人也因為體力不好，所以常選擇自由業或是不用早起的工作，寧可上晚班也不想早起，或是選擇自己當老闆、在家接案那種彈性自由、可以自己調整時間的工作。

為什麼黃老斯會知道呢？因為我們在復健科都會遇到有脊椎痠痛問題的患者，不少人評估後才發現是肌肉低張所致，瞭解他們的生活習慣並回溯過去歲月所做出的結論，或是帶低張孩子來評估的父母親的日常，大家都不約而同地擁有這些大大小小、不為人知的困擾，我給予他們建議後，有的人實踐後真的改變了，有的人還是無法跨出第一步，持續在惡性循環的迴圈中，我都瞭解，因為要肌肉低張的人自己主動去運動真的很難，需要有強大的支持系統與陪伴。

所以希望爸媽們一定要透過瞭解這點來幫助孩子唷！陪他們一起做運動，絕不只是在旁邊監督而已！

黃老斯想說！

我國中曾有一個綽號是「恍神王子」

大家是否覺得為什麼文字描述可以這麼仔細生動呢？因為黃老斯本身就是屬於全身肌肉低張的狀況，這真的是本書中我最不想承認的部分了！但為了讓更多人瞭解低張人的痛苦、掙扎與奮鬥的心情，並讓更多爸媽可以瞭解肌肉低張孩子的心路歷程，我把這件事情寫在書中告訴讀者，應該會更貼近大家吧？因為我有感覺統合失調、我有肌肉低張，所以我瞭解這樣的孩子在成長中會遇到怎樣的事情，希望孩子們能更好地成長且被合宜地教導對待，我願意跟爸媽分享這一切，但願能減少親子間彼此無法理解而造成的大小傷口。

我在大學瞭解到「肌肉低張」之前，誇張一點說的話，我常常覺得快要沒有活路了！前面有提到我本體覺不好，所以不擅長球類運動，加上肌肉低張就是雪上加霜，雖然講得好像真的表現的很糟，但其實也沒有那麼不行啦！我雖然是全身肌肉低張，但不是非常嚴重的情況，很多運動經過苦練還是能上場的，讓我不解的是為什麼我需要花這麼多時間學習與練習才能克服？其他人卻好像一下子就會了，甚至可以享受在其中，而我只是為了融入團體，尤其是男生成長的歷程，很需要以球會友，我不想顯得很突兀才一起打球的，其實根本不喜歡，挫折感也總是遠大於成就感，別人看我身高一百八十幾公分，都認為我肯定很會打籃球，但根本不是這樣，我一打球就破功，因此也沒有以球會到什麼朋友，大家都不太想跟球技差的人打球。

球類運動就算了，反正世界上還有很多自己可以做的運動，只要能身體健康就好，但又因為肌肉低張，學什麼運動都很辛苦，連重量訓練都是事倍功半，進步很慢而且常常練完有快要虛脫的感覺不說，本來預計運動後的體力會漸漸進步、精神百倍，結果每次都疲憊到無法做原先該做的事情，以至於我後來最常做運動的就是跑步機或騎飛輪。

我在國中曾有一個綽號是「恍神王子」，因為太容易累了，還被說過不像年輕人，我需要睡眠的時間很多（午休時間是絕對神聖不可犧牲的），我不是找機會休息就是要想辦法提神（維他命、咖啡因或提神飲料）。為了把體力留給讀書，我只好犧牲運動時間（不良示範，小朋友不要學），國高中放學回家常沒吃東西就先睡到晚上10、11點再起來讀書，因為回家根本沒力氣寫功課，家人雖然都無法理解為什麼我需要這樣，但還是很支持、鼓勵我，真的很感謝。此外，我說話或做表情時都覺得很累，所以常不笑，但這時候看起來就很像在生氣或臉臭，不注意或專心做事時嘴巴就會打開或流口水。

姿勢不良也是我的家常便飯，彎腰駝背、趴著讀書、翹腳、站三七步、back knee gait（請參照P.175圖4）都是我常有的，搭捷運沒位子時我一定會找門邊的透明玻璃靠著，所以我常全身痠痛或肩、頸、腰、背痛。最大的痛點就是我的腿，因為內八字又X型腿，跑步也跑不快又容易腳痠，走路時常常被說很斯文、很不man、娘

娘腔，所以我一直覺得很痛苦卻又無法辯駁！我根本不想這樣而且不懂為什麼要發生在我身上？（我母親的腿也是如此，是一種遺傳）

而成長的過程裡，我漸漸發現自己做事時心有餘而力不足，讀書就是這樣，明明要是多念幾次就能考得更好，但即使有時間我就是沒有力氣再念了，想做的、想達成的事情離我越來越遠。我常思考為什麼我會這樣？我真的意志力這麼薄弱嗎？我羨慕別人可以活力四射地運動、專心地長時間讀書，那時的我常走在台大校園的球場邊想著：「好羨慕呀！我是不是這輩子都沒辦法像這樣度過人生了呢？」因為對身體狀況沒有自信、想法消極，這樣的狀況時好時壞，總是有幾句話從身旁的人口中說出：「有那麼難嗎？多練習多運動就好啦！熟能生巧，比別人更努力就好了呀！你會不會太庸人自擾了？身在福中不知福欸！這樣的事情就把你擊垮了嗎？那你還能做什麼事？」但我真的很想回：「你們根本不懂！不要評論我，不要說這種不切實際又沒建設性的話！」（其實他們說的都沒錯，只是我們很難做到）

有肌肉低張狀況的人就會知道我為什麼要這樣了，就像低張孩子們發現我瞭解他們的時候，眼神變得有多閃亮，因為對我們來說就好像比登天還難，而且別人就是這麼無法想像肌肉低張人的身體處境。當我讀到教科書上介紹的肌肉低張

時，還想不到自己會是個案，因為那都是比較嚴重的案例，當我去醫院實習後開始在臨床接觸孩子們，跟老師們討論後我才覺得自己好像的確有肌肉低張的狀況，但就僅止於此，沒有重視也沒有想深入探討瞭解。

真正工作後逐漸遇到比較多非腦傷、疾病造成的肌肉低張孩子，比對各種臨床評估項目後我才驚醒過來發現自己根本就是肌肉低張，多年的謎底終於揭曉，埋怨命運也沒有用，但我終於可以想辦法改變了！於是就更加研究、觀察低張的狀況，因而才有辦法這樣跟爸媽們分享。改善肌肉低張的過程真的很辛苦，我至今都還在奮鬥中，由於不明原因的天生肌肉張力低，鍛鍊如同逆水行舟，不進則狂退，肌肉很難練就算了，消失的速度比高鐵還快，所以必須很努力地維持。

不論是誰，持續鍛鍊肌肉絕對都是必須的，但這更是肌肉低張人一生的職志與功課，一定至少要培養一個能堅持到底又有興趣的運動習慣來維持健康與體力，在大學還沒有意識到自己是肌肉低張時，以為自己是意志力薄弱、太懶惰、好逸惡勞、太順著自己的身體，所以為了要跟自己的體力對抗，去參加了台大合氣道社，苦練了兩年，中間的辛苦就不說了，每次練完都覺得快要昏過去，越運動越累，體能進步的幅度很少，根本沒有從運動中得到喜悅並達成目標，後來我才瞭解到原來是「方法不適合我」。很慶幸出社會後我已經不見得需要透過球類運動來打入社交圈，我也有好好地安排、計畫改善自己的肌肉低張，身體狀況和人生的掌控感都越來越好。

我很感謝我的爸媽一路以來雖然覺得很奇怪，卻也很尊重我的時間安排，不僅願意出錢讓我嘗試各種運動，甚至找專人教導我，沒有給我否定的情緒和言語，反而鼓勵我多運動、多鍛鍊。我因為感統不佳、肌肉低張的各種表現，在學校、在外頭常被嘲笑，但我的家真的是我的避風港，可以包容接納我，所以雖然我還是有些負面想法又自信低落，可是不至於太過嚴重。

因此我真的希望透過這本書的分享，讓爸媽在瞭解孩子的身心狀況這方面能多幾種面向，讓家可以成為孩子充電、避風的港灣，讓他們即便在外頭遇到辛苦的事，回家休息之後仍可以再出發，而不是內憂外患雙重傷害與煎熬！

爸媽請注意！

該如何改善全身肌肉低張？

① **原則：**根據臨床經驗，由於全身的肌肉都需要加強，所以這樣的個案比起局部肌肉低張的孩子更沒意志力、容易累、不想動，因此讓他們「願意動」是首要目標。

② **能量分配的原則：**不重要的事情不要花費力氣，找時間休息儲備能量給該做的事情上。

③ **步驟：A** 從最簡單輕鬆的活動開始，除了日常生活習慣慢慢改變（多伸展、多走路、少坐下）之外，就是想辦法讓他們去外面走走、踏青散步，千萬別太強迫他們運動或是直接報名體能課程及健身房，絕對會得到反抗。

B 漸漸有一點體力之後再開始簡單的居家徒手運動，針對核心肌群與腿部肌肉優先加強，如仰臥起坐、小飛機（請參照P.124圖3）、深蹲等，有做就好，不要求姿勢跟時間長短，受不了就不要做，絕對不勉強！

C 體力更好之後才開始調整姿勢，每次增加幾秒的時間即可，若想要趁勝追擊一下子進階太多，讓他們心情不好有挫折感，一切就都要重來了。

多年經驗看下來，記得一定要按照以上步驟開始！很多爸媽沒有重視這個原則，為了方便省事或各種原因，想說反正都是運動哪有什麼差別？直接讓孩子做有氧運動（一般大眾認知的運動型態）跑操場、游泳、騎腳踏車、跳繩或是無氧的球類運動，有的還每天嚴格操練，最後孩子肌力不但沒進步多少，反而更討厭運動。

全身低張的人很容易因為這些有氧運動而把體力都耗盡，這也是為什麼有人運動完反而更累，而且沒有鍛鍊到意志力，只是勉強自己更加燃燒能量。所以要從無氧運動鍛鍊肌力開始，以上的A、B、C三步驟需要一段時間累積，年紀越小所需時間越短，這就是黃金期的好處，年紀越大就越難請得動，靠這三個步驟把底子打好之後就可開始嘗試簡單的有氧運動，一樣見好就收，有增加到心肺功能、血液循環就好，然後持續搭配訓練肌力，並把強度提高。

一段因人而異（根據年齡、體質、意志力、執行程度）的時間過去後，會發現孩子或自己漸漸地姿勢標準、身體的疼痛慢慢消失、身體的掌控度越來越好、自信心提升、喜歡探索挑戰新事物、抗壓性變好、正面思考等，不誇張，真的會像變了一個人般重生，這都是我的成功個案回饋的！

爸媽請放心，
黃老斯要跟你說

肌肉低張的孩子，只要慢慢引導並給予耐心，還是能夠達到改變的效果！

臨床經驗觀察到不論是何種原因造成的肌肉張力低下，全身都低張的比例比較大，狀況就是文章提到的特徵不同排列組合，只是可能有局部肌肉張力更低，就如同上面所舉的例子，但真的也有發現單純只有某部位肌肉張力較低的個案。因為肌肉低張跟後天缺乏運動鍛鍊所表現出來的樣子實在太相似，其中有一個簡單的判別方法就是：相同強度的訓練，該部位肌肉張力較低的人，要跟其他人達到一樣的鍛鍊效果（力量、外觀等），可能需要加倍或好幾倍的努力，甚至也有可能始終無法達到。

舉例來說，曾有一個上半身低張的排球隊男大學生跟我說，無論他怎麼鍛鍊上半身，肌肉都很難出現，力量也很不足，但下半身腿部的肌肉線條與力量沒有刻意練就比其他隊員好很多，所以他的跳躍力非常好，跑步很快，但打球、殺球

接球的技巧就一直不如預期，而且付出精誠重訓還是會駝背、手臂還是不夠粗壯。相反地，有一個男大學生，參加系上籃球隊，很努力地鍛鍊腿部肌肉，上半身普通練就很精壯，下半身仍舊鳥仔腳，像韓國女子團體少女時代的腿一樣，後來才發現是下半身肌肉張力低。

肌肉低張的情形大致上像是這樣，學生時代會比較辛苦一點，因為有很多無法自己調整步調的生活模式加上又要讀書，還會影響運動表現及體力較差。長大後，依據每個人的程度輕重與部位不同的差別，輕的不會影響生活，就是比較累一些，嚴重一點的就是影響身心狀況（情緒、睡眠等），若去就醫，醫生通常會建議：「因為缺乏運動，多運動就會好很多了。」但要開始運動卻難上加難，總覺得阻擋自己執行運動的藉口、理由很多，難以達成。所以也希望有肌肉低張的大人在看了這本書之後能夠瞭解自己的身體狀況，下定決心來調整都不嫌晚，如果是孩子有肌肉低張狀況的爸媽，請瞭解他們的處境真的是非常不得已，別誤會他們，只要好好地引導孩子慢慢進步，他們的身心都會改變的！

◆感覺區辨篇◆

感覺區辨（Sensory Discrimination）是辨識視覺、聽覺、味覺、嗅覺、觸覺、前庭覺、本體覺等各種感覺的能力，區辨環境中感覺刺激的各種變化、刺激持續多久？從空間中的哪個方向而來？這就是身體概念的基礎，若能正確地區辨各種感覺，身體就能更好地做出反應，並有良好的身體運用能力。

感覺區辨可分為個別感覺的區辨及不同感覺組合在一起後的區辨，舉例來說，若聽覺區辨能力不佳，對於聲音來源的距離遠近、音調如何、說話者口氣中的情緒分辨與理解就會不好，或是當環境中有各種聲音加上各種視覺、觸覺、味覺等刺激同時存在時，區辨能力不佳的孩子就會無法分辨何者為優先，最常出現的狀況就是孩子在教室中被其他刺激拉走注意力，沒有專心聽到老師所說的話。

區辨能力不佳卻沒有好好調整的話，可能就會伴隨有運用能力不佳的狀況。接著會以觸覺區辨和前庭—本體覺區辨能力為例來分享臨床小故事。

職能治療師分析：教養案例

教養案例分享一

為什麼孩子喜歡到處摸來摸去，玩玩具會太用力，爸媽該怎麼辦？

九月是開學的季節，經過漫長的暑假，孩子們終於要開始到學校上學，對於假期間每天要安排孩子活動到已經精疲力竭的爸媽們，無疑是能稍微喘口氣的時間了。

不過，有些孩子卻對「開學」感到緊張又擔心不已，尤其是正要入學的一年級新生們。有不少爸媽覺得孩子在幼兒園適應地不錯的話，到小學應該不會差太多吧？就連我也不例外地這麼想，然而很奇妙的是每到九、十月份，我就會接到一些學校老師或是爸媽的諮詢，說孩子：「可能需要評估。」

剛升上小學一年級的男孩恩恩就是這樣的個案，一進來治療室就以一個好奇寶寶之姿到處跑來跑去，對任何器材都很想觸碰。媽媽在提醒恩恩碰東西前要問老師後轉向我說明，才開學一週而已恩恩的班導師便向她說了：「我覺得您的孩子需要評估，他可能有過動或是自閉傾向。因為全班都乖乖聽話、守秩序，唯獨他會起來走動，甚至自顧自地唱歌不理會我。」

身為爸媽，您們聽到這段話之後的感覺會是什麼呢？

身為職能治療專業人士的我聽起來是百感交集，腦中立刻湧現了各種問題想問：老師做了什麼處理？孩子在什麼情況下會那樣？班導師有花多少時間觀察及理解孩子呢？恩恩是故意的還是忍不住？只有對特定老師才會這樣還是孩子總是這樣？老師有跟爸媽確認孩子在幼兒園就讀的情況嗎？……但我其實最想問的是：「為什麼才一週就覺得孩子有狀況需要確認？除非有符合什麼很典型的狀況！」這位媽媽也是這樣想，但老師就是覺得恩恩有可能是過動或自閉症卻又無法確定，所以請媽媽帶到醫院來評估。

我都還沒開始評估，光是一開始的臨床觀察就發現到恩恩真的很忙，非常喜歡到處摸來摸去，我因為在跟媽媽說話，所以很多東西都來不及提醒他要先詢問我，他的手就先伸過去拿起來把玩了，有的甚至還會直接放到嘴裡，媽媽看了也很尷尬，不停地克制自己壓低聲音提醒恩恩。以恩恩小學一年級的年紀來看，他玩玩具的技巧不算特別好，組合積木的時候很用力，收拾的時候都用丟的，還差點把積木弄壞，我必須要一直請他愛護醫院的公物。

媽媽說：「其實恩恩現在連寫字都還不太會寫，寫字很慢又大小不一，拿筆也拿不好，但我想小學再開始帶著他練習。」

我點點頭後媽媽繼續說：「他讀幼兒園的時候是有發生一些事情啦，像是舞蹈動作都學不太會，常被安排到後排，演音樂舞蹈劇的時候甚至還只能演樹木，讓他大哭了好幾天不想去上學。還有一次就是老師說恩恩會打同學，且多次勸導都沒用，結果我去學校後發現原來是他想要跟別人玩，但出手太重了，因為他和哥哥在家都是這樣玩。」

聽完描述加上我的初步評估後，認為恩恩應該是感覺統合當中的觸覺區辨能力較弱，造成動作、行為上的狀況。因為當時治療時間排不進去，所以我請他們等三週後再來上課，結果發現恩恩的狀況越來越好，一開始班導師介意的行為也幾乎沒有出現，甚至還說孩子十分聰明好教！想當初，老師還在一週內就轉請輔導室協助呢！所幸輔導老師也回應了需要觀察一學期以上才能申請相關輔導。

因為孩子的感覺調節與觸覺區辨能力沒有那麼好，導致在剛開學時還沒辦法很快地適應新的環境而出現種種老師認為脫序的行為，雖然恩恩仍有觸覺區辨的問題，但習慣上學的步調與環境後也就漸漸地沒有出現比較與眾不同的狀況了。接下來的日子，除了治療外，我也不斷傳授媽媽能在家幫助孩子的方法，雖然徹底執行後的效果不如七歲前的個案好，但各方面都有慢慢進步、改善了，尤其是寫字的能力！

【職能治療師臨床推理】

還記得當時恩恩媽媽曾不解地問：「黃老師說的我都認同，這種情況真的是需要來趟醫院才會知道，畢竟我確實疏忽了恩恩在幼兒園時的一些狀況，我以為都還算是可容忍範圍就沒太在意。但這到底跟過動或自閉症有什麼關聯呀？」

感覺統合會影響到警醒程度（請參照P.130），也就是專注力、學習的狀況，像恩恩這樣的孩子，可能會因為無法好好處理觸覺及其他感覺刺激而分心、渙散恍神或是為了想辦法適應環境刺激而動來動去，的確是有可能被誤會成過動，觸覺區辨能力不好也會影響到人際關係互動，甚至有可能被誤會成對情境理解有問題的自閉症特質。所以也不能完全說老師沒處理好，至少她有盡到告知、提醒的責任。

觸覺區辨能力是運用能力的基礎（Ayres, 1972），有時也會影響到精細動作的發展及工具使用、物體操弄的能力，簡單來說就是比較不靈活，這樣的孩子可能也會伴隨有前庭覺及本體覺區辨能力不佳。

若對於觸覺刺激的區辨不加導致解讀不合宜，對接收的人來說可能會是恐懼、威脅、騷擾甚至是侵害，因而造成他們的傷害或引發不適切反應，又因為無法正確分辨他人藉由觸覺傳遞的意圖與情感，他們也可能只按照自己的認知來傳達情感，造成他人的不舒服或被認為是「不解風情」，進而演變成人際關係互動的問題。

【如果孩子有以下表現，可能有觸覺區辨能力不佳的問題】

飲食

拿餐具常會掉落、拿筷子的姿勢很奇怪或學不好拿的方法

穿著

穿衣服、褲子、襪子，扣釦子、拉拉鍊、綁鞋帶等動作又慢又不流暢，釦子越小表現越差

自我照顧能力

1. 光是用看的沒辦法瞭解新接觸的物品，可能會想用手或用口來探索認識物品，而且容易弄壞，常要制止他們不要亂碰東西或亂拿別人東西
2. 小動作很多，喜歡到處摸來摸去，手腳都很忙，但卻不知道他們在忙什麼
3. 口腔與舌頭的動作可能會不太協調，影響進食與口語表達
4. 受傷或感到疼痛時無法正確指出位置
5. 不喜歡穿襪子與鞋子，常想要打赤腳

社交

不太清楚自己撞到人還是被人撞到，很常造成誤會

遊戲

1 動作方面：用到大肌肉的動作會不協調，舞蹈、唱遊等跟不上節奏與動作，不是快了就是慢了

2 球類運動不佳：

(1) 丟接技巧差，好像會慢半拍的樣子，常接不到球或是明明接到了又會馬上掉下來，因為手腳不知道怎麼移動比較好

(2) 丟接球可能會太用力或太小力

3 玩組合類型玩具像是積木、拼圖的技巧都不太好，可能會逃避或選擇簡單、自己會的玩

學校表現

1 文具及工具的使用能力不佳：剪刀剪得很不流暢

2 寫字太輕、太重或是速度太慢

3 學習使用新物品的速度很慢，即使看了示範也很難學會

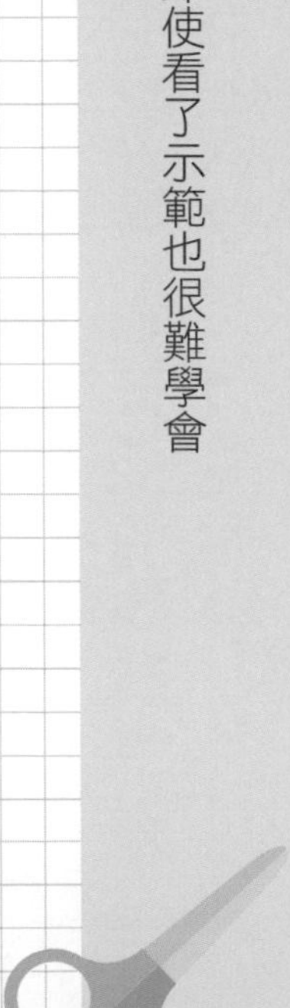

爸媽請注意！

該如何促進觸覺區辨能力？

若是感覺區辨能力不佳，可能會在感覺敏感與不敏感之間轉換，調節不好的結果就是明明接受同樣的刺激卻一下子很龜毛、一下子又根本不痛不癢，同時也會影響到警醒程度（請參照P.130），因為不斷變化導致自己也抓不到感覺，所以可能會昏昏欲睡或過high，需要花很多時間調整環境與各種變因來維持在適當的警醒程度，這不僅造成他人的困擾，自己也會很痛苦。

舉個念書的例子來說，你會看到孩子坐在書桌前面不斷調整座位和姿勢、看這個看那個、摸來摸去、整理書桌、喝水倒水、洗臉、穿脫衣物、動作很多，好不容易可以開始了，沒有念幾頁書就開始想打瞌睡，然後一個晚上就又過去了……自然下場就是被爸媽責備，孩子自己也覺得很痛苦，不知道自己到底要怎麼做才能好好專心下來。

促進觸覺區辨能力的原則：在增進觸覺區辨能力的同時，爸媽不妨可以透過前庭覺及本體覺的刺激（請參考警醒程度補充篇P.132）幫助孩子把警醒程度調到適當的狀況，並在孩子專注力有15～20分鐘程度又不會太亢奮的情形下做參考的小遊戲。

爸媽一起來！

促進觸覺區辨能力參考小遊戲

遊戲1 球池尋寶

可把不同材質或大小的玩具、物品丟入球池請孩子找出指定的物品

（強調：不可用眼睛看）

遊戲2 大海撈針

器皿可先從紙盤、托盤，到深一點的盒子、箱子，慢慢到將手腳放入的深度（強調：不可用眼睛看）在器皿內倒入不同的東西：先選基底（沙子、米、豆子、彈珠、彩色小石頭、乾的螺旋義大利麵），可以單純或混合，之後再放入不同的小東西，讓孩子可以找出來，像是小水晶、紙牌、小玩具車、積木等

遊戲3 驚喜袋

手伸進去束口袋拿東西的遊戲：

1. 不同大小材質的玩具與物品，請孩子拿出指定的東西
2. 放入形狀或特徵明確的物品請孩子猜是什麼形狀或東西

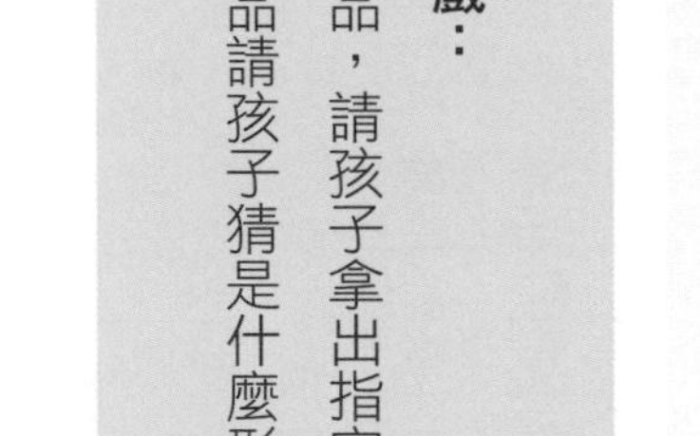

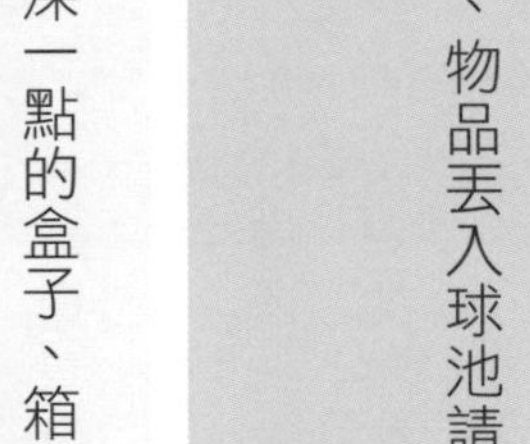

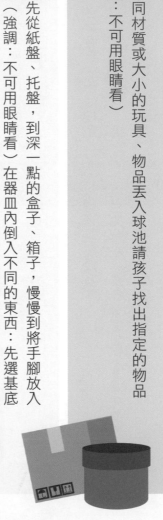

遊戲 4

肢體接觸的遊戲

（要用不同的力氣玩）

可玩習慣或常玩的遊戲，要有輕重快慢的不同，例如：

1. 炒蘿蔔炒蘿蔔切切切
2. 用手腳擊掌來遊戲，聽歌曲打拍子
3. 在手心、手背或背後寫字、畫形狀猜猜樂

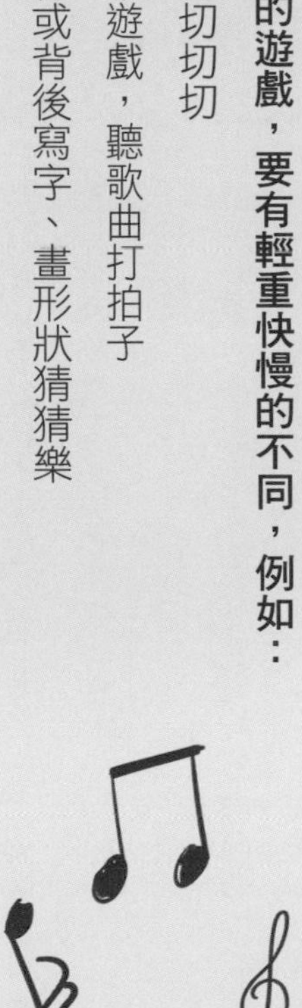

遊戲 5

其他類型遊戲

1. 純粹進球池「游泳」，感受球給身體的刺激，可用跳水的方式進入，根據孩子的狀況也可調整孩子進球池所穿著的衣物
2. 練習投存錢筒：抓一把硬幣握在掌心裡，把掌心的的硬幣用食指與大拇指拿出來投，不可用另一手幫忙
3. 運用手指的遊戲

職能治療師分析：
教養案例

教養案例分享二

為什麼孩子時常跌倒，討厭嘗試新事物，爸媽該怎麼辦？

「我只希望我的孩子能夠跟正常人一樣。」媽媽有些激動地在評估過程當中突然這樣告訴我。我示意她繼續往下講。「抱歉，其實我剛才突然覺得，為什麼我的孩子必須要走到這一步，非得要來醫院？為什麼我的孩子不能跟別人一樣正常？」聽到這裡我卻疑惑了。「您覺得孩子哪裡不正常了？」我問。

媽媽也一副說不上來的樣子，又反問了我：「我就是不知道才帶孩子來醫院的呀！我覺得他很正常呀！從剛進入小學到現在三年級，學校老師、安親班老師都要我帶小泓來醫院檢查看看是否有什麼狀況，還說他跟大多數的班上同學不太一樣，只有他需要老師們特別關注，如果檢查評估出來真的有需要額外輔導的話，老師可以幫忙申請相關資源……實在是很莫名其妙，我聽完簡直快要氣死了！沒憑沒據又說不清楚，只會叫我去看醫生。所以呀，我之前都不理會他們，因為我認為孩子根本沒問題，但真的是受不了老師們一直寫聯絡簿、家長會也找我約談，我不堪其擾才下定決心來醫院看孩子到底是哪裡『不正常』了？要是結果沒怎樣的話我才好堵老師們的嘴！」

於是我從出生史、發展史的方向開始詢問小泓媽，發現她認為「很正常」的部份有一些其實是「徵兆」，像是小泓進入小學前在家看電視台大哥

哥、大姊姊跳舞及做體操時他從來都跟不上；讀幼兒園時老師也反應過孩子玩團體遊戲都跟不太上，自己常跌倒就算了，還常害同學跌倒而不自覺；孩子至今仍常打翻飯碗、打破杯子，而且很討厭接觸新的事物，倒不是害怕，而是每次都要學很久才會，所以不想輕易嘗試。

媽媽表示她覺得孩子還小，動作不純熟、不小心很正常，學東西慢、不會唱跳應該是天生的個性或特質，為什麼要那麼在意？有必要會、有必要接觸的再學習就好了。

我繼續問了小泓上小學之後的作業表現，發現他寫字會用力地像刻字一樣，常把紙寫破，翻頁時常不小心撕掉或揉到，所以書本都破破爛爛的，文具壞掉的頻率很高，連削鉛筆機都不太會用，常常削斷筆芯。

之後我在治療室發現小泓大動作及精細動作的力道控制都不太好，丟球不是丟過頭太遠了就是丟不到目標處，接球時眼睛飄來飄去不知道要看哪裡，手腳的動作像是不會預備的樣子，看到此景我忍不住問了小泓：「你是不是不常玩球呢？好像很不熟欸。」小泓很理所當然地說：「對啊，我沒有很喜歡打球，因為我很怕被打到。而且每次同學要丟零食過來請我吃我都接不太到，常掉到地上，他們都會笑我。」

更加詳細地評估後發現小泓有感覺統合不佳的狀況，尤其是前庭——本體覺的區辨比較弱，因而影響到警醒程度（請參照P.130），所以他專注的時間較短，需要動一動或稍微休息幾分鐘才可再專注，但基本上孩子的生理、認知發展都沒有什麼特別的狀況，而且他的課業表現與學習都很不錯。

小泓的媽媽一直都覺得小泓的狀況沒什麼，加上學業表現又不錯，所以她根本無法理解學校老師的想法，一度以為是老師在找碴。我把評估結果告訴媽媽之後，媽媽立刻鬆了一口氣，但旋即又皺起了眉頭，問我：「請問黃老師，那我現在該怎麼辦？為什麼老師們都沒發現我的孩子是正常人，一直要我來評估？我直接回學校說孩子沒事情嗎？」

講到這邊我發現小泓媽在描述事情的時候不是很完全，可能還有很多她沒有講或不想講的事情，而且她對於我所說的話也沒有100%理解，因為我根本沒有用正常與否來形容小泓或是這樣下結論呀！

因此，對於訪談中媽媽交代學校老師說的話這部分我會想要繼續深入確認，但目前只能先以臨床觀察及評估結果做解釋。不過，小泓媽在我們對話之中提到「正常」這兩個字的頻率實在太高，讓人感覺她十分在意孩子是否「正常」，我同時也很好奇，她所謂的「正常」到底是什麼樣的定義？

於是我就問了：「請問您覺得什麼才是『正常』呢？」媽媽愣了一下，一時之間答不出話，接著支支吾吾地說：「其實就是跟其他人一樣，不要特別被老師寫聯絡簿就好……」

【後記】之後幾次上課，媽媽才一點一點告訴我，其實小泓常會在上課大聲講話，而且同學常去跟老師告狀說小泓跟他們開玩笑、打鬧時都很用力，體育跟美術課則需要老師一直帶著教，不然他就不做或是去鬧同學，讓老師很難繼續上課，老師也試過了很多方法都沒有用才會請媽媽尋求專業人士的建議……這些都是小泓媽媽覺得沒什麼而忘記告訴我的事情。

【職能治療師臨床推理】

小泓是偏向前庭——本體覺區辨能力都比較不好的例子，然而這種情形臨床也比較常見，所以常會用包含這兩種感覺的遊戲來幫孩子加強能力，方式可參考前庭覺篇（請參照P.092）與本體覺篇（請參照P.120）的小遊戲，並增加一點強度。

這是因為能夠透過較強的刺激讓孩子更確實地接受到刺激的訊息，進而進行分辨並加深印象、清楚解讀。若能很確定孩子弱項是單純的前庭覺或本體覺區辨（或比較偏向某種），則可選擇單純的刺激做強化。

以下分別有前庭覺與本體覺區辨能力不佳的參考表現，讓爸媽可簡易判別。

【如果孩子有以下表現，可能有前庭覺區辨能力不佳的問題】

穿著

穿褲子容易失去平衡、穿脫衣物很不專心（因為要保持平衡），尤其是光線不足的時候

自我照顧能力

1. 眼睛閉著時平衡感很差、站不穩，所以會不太敢閉眼睛
2. 怕走高低不平的路，不喜歡爬山

遊戲

1. 在玩需要很快改變方向的遊戲或運動時會跟不上：折返跑很慢；老鷹抓小雞等遊戲可能常跌倒；玩紅綠燈遊戲時常不知道要往哪邊跑而被抓到
2. 跟不上唱遊或體操的速度與方向

學校表現

1. 排路隊前進時常會跟不上同學的速度，容易脫隊或排不整齊
2. 容易搞不清楚空間中的方位，方向感差

【如果孩子有以下表現，可能有本體覺區辨能力不佳的問題】

飲食

拿餐具常會掉落；拿筷子的姿勢很奇怪或學不好

穿著

穿衣服、褲子、襪子，扣釦子、拉拉鍊、綁鞋帶等動作慢又很不流暢，尤其是光線不足時，若釦子沒對齊扣好，衣服正反或前後面穿錯，沒有看的話很難用身體感覺發現

自我照顧能力

1. 身體姿勢不正確或歪斜時沒有什麼感覺
2. 口腔與舌頭的動作可能會不太協調，影響進食與口語表達，因為嘴型的口型控制能力不好，還可能會常咬到舌頭或嘴唇，說話音量的大小控制也不太好，悄悄話很容易講太大聲
3. 力道控制不好，使用生活用品很粗魯或太小心，容易弄壞、弄掉東西或打破，關門很大力或沒關好之類的

社交

很常引起他人誤會：

1. 不太清楚是自己撞到人還是被人撞到
2. 常常用力過當而不自覺，雖然覺得自己在輕碰別人，卻讓人覺得像是被打

遊戲

1. 動作方面：大肌肉的動作不協調，舞蹈、唱遊等跟不上節奏與動作，搞不清楚方向，肢體使用很不順暢
2. 球類運動不佳：丟接技巧差，好像會慢半拍的樣子，常接不到球或是明明接到了又會馬上掉下來
3. 玩組合玩具像是積木、拼圖的技巧都不太好，可能會逃避或選簡單、自己會的玩
4. 很難精準預測物品與自己的位置及要使用的力量，像是玩抽下面的積木往上堆的遊戲，會容易將其弄倒
5. 不擅長需要手腳並用的遊戲，因為不會計劃手腳怎麼放，例：攀岩、爬梯子、匍匐前進、整齊的隊伍步伐

學校表現

1. 文具及工具使用能力不佳：容易把筆蕊弄斷或折斷蠟筆、撕破作業、把書翻破，大家都很怕把東西借給他
2. 對於需要精準緩慢的動作會覺得很辛苦：
   (1) 不擅長黏貼組合小東西如模型、紙花
   (2) 不擅長雕刻、剪紙、折紙（越小張紙的越辛苦）、穿線
   (3) 手工藝相關的事情都不擅長
3. 學習使用新物品的速度很慢，看了示範也很難學會，像是打球方式、做畫技巧或仿畫、學寫新的生字

爸媽請注意！

該如何促進孩子的前庭、本體覺區辨能力？

感覺區辨不佳的孩子警醒程度（請參照P.130）可能會不太穩定，因為一直需要調整，我們通常會透過觸覺、本體覺、前庭覺的刺激來增加或降低警醒程度，藉此可讓孩子穩定下來專注在要學習區辨的感覺上。

❶ 增加警醒程度的方式大家都很有經驗，就是用於提神醒腦的方法都可行，推薦使用強烈一點的前庭覺，簡單來說就是運動，跑跑跳跳之類的是不錯的選擇。

❷ 降低警醒程度的話，推薦使用本體覺，因為其具有安定的作用，還可以減輕觸覺過度反應和重力不安全感，並讓神經系統維持在理想的警醒狀態中（Blanche, & Schaaf, 2001）

其實我們都常不自覺地在使用本體覺讓自己安定下來，像是緊張、害怕時會想要抓旁邊的人或是物品、把手之類的；聽到尖指甲刮黑板的聲音時會咬牙、身體縮起來或聳肩等動作。

調整好警醒程度之後再來做下頁表格中的遊戲，可針對孩子做不好的部分多練習，記得一定要愉快地來進行，彼此開始有點不開心的時候就停止吧！下次再來沒關係，因為良好的經驗有助於記憶學習到的東西，會有正向的效果。

爸媽一起來！

促進前庭覺區辨能力參考小遊戲（提高強度以增加警醒程度幫助學習區辨）

★類似於前庭篇（請參照P.092）及本體覺篇（請參照P.120）所提到的參考小遊戲，但需要強度大一點，下面分別列出調整的部分及提醒：

遊戲1 溜滑梯

提供直線加速度，有助於孩子的肌肉張力、眼球控制、頭頸部肌肉控制

1. 加快速度：選擇坡度更陡的、高度更高的、穿比較平滑衣物或嘗試螺旋的溜滑梯、倒著溜下去等
2. 進階：滑草或滑水道

遊戲2 棉被遊戲

1. 包壽司：用棉被把孩子頸部以下裹住，請孩子身體從壽司中更快速滾出來
2. 不用包，直接在地板上來回滾動幾圈

遊戲3

健身球（治療球、大球）

推薦使用大球，因為容易取得又能有很多變化

1. 依照孩子的狀況與能力，可以趴著或坐在球上，上下動或左右搖晃，振幅可以大一點
2. 趴在球上之後身體往前向下，雙手撐地，前後移動
3. 躺在球上之後身體往頭的方向下去，雙手撐地，前後移動
4. 趴或躺在球上，腳抬起來，大人抓住孩子雙腳，前後移動

遊戲4

溜滑板

因為強度較大，安全第一，需要爸媽陪同

1. 可從趴著的姿勢開始，做前後左右、旋轉等各種方向的滑動（換方向速度可加快一點），孩子可用手推地板滑行，頭要抬起來，藉此加強頸部與背部肌肉
2. 滑的時候可以用各種不同的路線滑過障礙物

遊戲5

盪鞦韆

這是很好的前庭刺激遊戲，但安全第一，從孩子可接受的幅度、高度、時間開始，若前後的刺激已經適應，再加上左右晃動或是不規則的搖晃，之後可以再嘗試旋轉，最後更可試著前後盪時加上其他方向的刺激，或是速度忽快忽慢，急停、突然衝或改變方向等玩法

遊戲6

跳跳類型

1. 跳跳床（彈簧床）：在跳跳床上下跳，跳高、跳快一點，膝蓋要彎曲，亦可邊跳躍邊旋轉
2. 跳房子（或跳格子），亦可跳遠：
   (1) 距離放遠一點，速度加快
   (2) 格子可設計成放在左右，跳Z字型（圖1）
3. 開合跳、單腳跳的速度加快

圖1《Z字型》跳房子範例

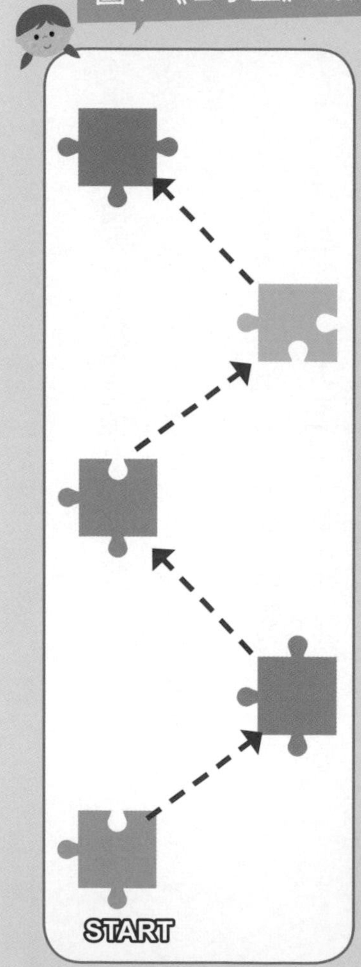

遊戲7
其他相關運動

1. 學習體操或簡單的舞蹈，練習肢體會有各種變化的運動
2. 直排輪、腳踏車、跑步可用以下路線：
   (1) 經過用障礙物做成的S型路線
   (2) 繞8字
   (3) 可以有各式變化的觸線跑法（圖2），附圖為跑法範例

圖2《觸線跑法》

A ①→②→①→③→重複

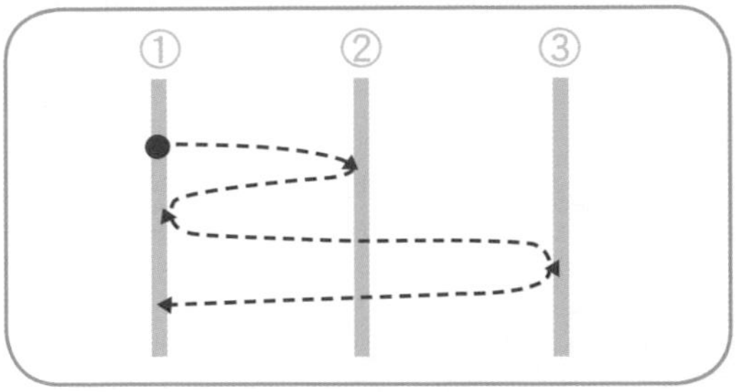

B ①→③→②→③→重複

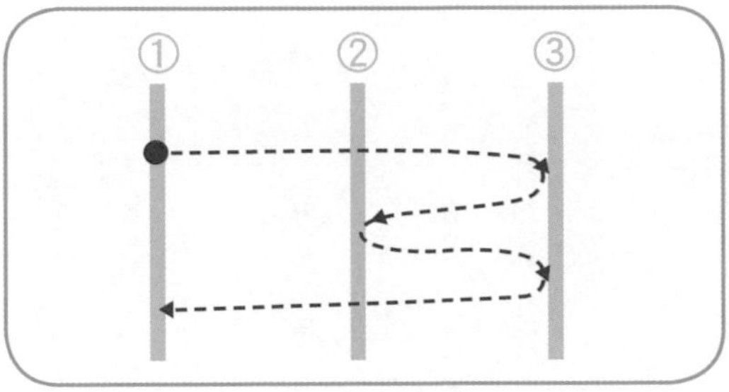

C ②→③→②→①→重複

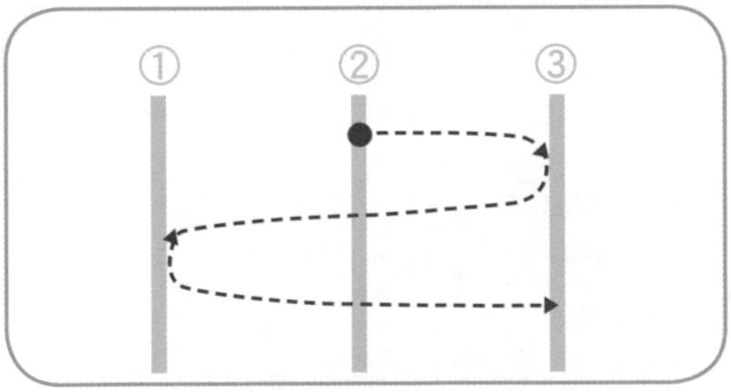

D ①→②→①→③→②→③→重複

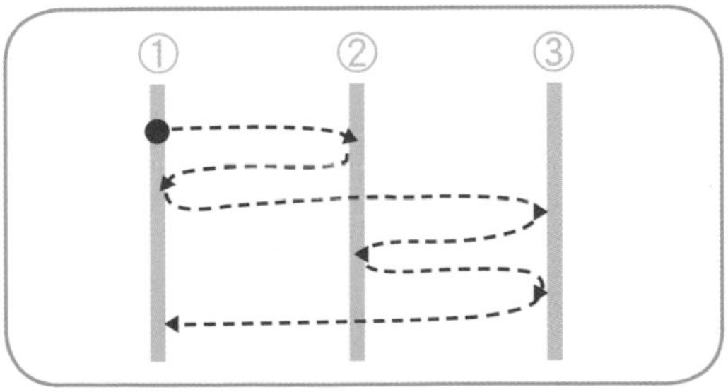

爸媽一起來！

促進本體覺區辨能力參考小遊戲（提高強度讓刺激更確實輸入及感受，幫助學習區辨）

遊戲1

手部運動

1. 揉、捏、搓、玩更大塊的黏土、麵團
2. 玩橡皮筋花繩、組合型的玩具（積木、花片、棍棒組等）
3. 拉彈力帶（重量加重）：腳踩住中間，雙手往上拉或直接拉開（胸前、背後）
4. 畫畫或學寫字時可使用小黑板加粉筆、需要出力才會有顏色的蠟筆，另外可把黑板或紙放在垂直的牆面上，讓孩子抬起手來畫，不可放得過低
5. 手指遊戲：快速地比數字，可用電話號碼或爸媽自己出題目

遊戲2

跳跳類型

1. 跳跳床（彈簧床）、氣墊床、有彈性的軟墊：在跳跳床上下跳，跳高、跳快一點，膝蓋要彎曲
   (1) 可邊跳躍邊旋轉、邊跳邊拍手或跟大人擊掌
   (2) 可以邊跳邊丟接球或沙包
2. 跳房子（或跳格子），亦可跳遠：蹲低一點起跳，跳遠、跳快一點
3. 開合跳、單腳跳（原地或前後）、跳跳箱、原地蹲低後跳高、跳繩、登階運動的登階板，跳上跳下（可調整高度），遊戲皆可使用速度忽快忽慢的方式做進一步加強

遊戲3

球類運動

球類運動怎麼練習都不嫌多，因為可以給予很豐富的刺激。拋（肩膀下）、丟、擲、投（過肩膀）、拍、接、踢、打的動作都有很多本體覺刺激。

1. 建議搭配使用球具的球類，桌球、棒壘球、羽毛球、網球等，速度可以快一點。
2. 建議空間足夠的話用健身球來做練習，因為體積與重量較大，可提供的刺激也大

遊戲4

徒手遊戲

1. 可參考本體覺篇的遊戲篇（請參照P.122）
2. 趴姿，腳放在椅子上，背打直，雙手伸直撐地，可撐著拚一份拼圖或唱一首歌
3. 腳尖對腳跟走一直線；麻花步交叉走路前進
4. 趴姿，雙手在地上伸直撐好，雙腳往後踢

遊戲5

團體遊戲

1. 參考本體覺篇的遊戲（請參照P.123）
2. 兩人遊戲：
   (1) 比力氣，站在一個圈裡或巧拼上用手互相推，要穩住腳不能出去圓圈外，或兩人互拉比力氣看誰先把人拉出圈圈或巧拼外

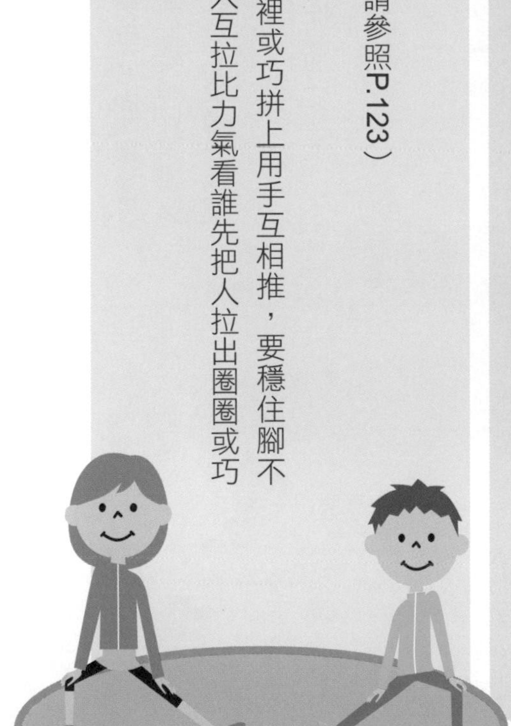

(2) 大人用身體的各種姿勢做成山洞讓孩子爬或鑽過去，如大人站著雙腳打開或學小狗的姿勢讓孩子從肚子下鑽過去（圖3）

(3) 孩子踩在大人的腳上面對面一起走

圖3

遊戲6

其他相關運動

1. 伏地挺身、棒式（請參照P.124）、橋式（請參照P.124）、仰臥起坐、小飛機（請參照P.124）、蹲馬步到起立、青蛙跳、交互蹲跳、跳繩、攀岩、拉單槓
2. 學習體操、舞蹈或唱遊等一些需要肢體順序性的活動，這是蠻重要的一個活動，可以多練習，建議基本功練好再去報名課程
3. 幫忙做家事，打掃、搬動物品、收拾房間玩具、擦桌子等
4. 練習把身體摔在墊子或床上，可搭配兩人互推的遊戲
5. 甩比較重的繩子或水管，向前甩成波浪型（模擬健身房的戰繩）

【遊戲中須注意的小提醒】

原則上都跟前面的小提醒一樣，只有幾點想特別強調：

・遊戲要能有變化及重複練習

❶雖然表格中建議的活動有些看起來並非遊戲的型態，但那是在沒什麼時間的狀況下進行加強時使用的，一般會建議把這些活動當成遊戲的一個元素來使用。舉例來說，要給予前庭——本體覺刺激可以簡單設計一個小闖關的遊戲：跳跳床出發，邊跳邊拍手十下，之後大熊走路到某個定點拿一塊拼圖，帶著拼圖青蛙跳回到跳跳床旁拼，拼完後做5個仰臥起坐再去跳跳床。

❷像這種遊戲建議玩一次是8～10趟，若選擇24片的拼圖，一趟就拿3片，依此來設計。臨床經驗是至少重複做10次比較能從活動中取得經驗，遊戲過程也不要太久，若孩子做10趟需要花費30分鐘以上，這有可能表示遊戲難度太高，超過孩子的能力太多，也可在這時發現孩子需要加強的部分，再藉此調整難易度。

・遊戲過程要有趣，不要當成是一種訓練

希望爸媽能把遊戲當成遊戲，而不是訓練，既然是「遊戲」就要好玩才有意義嘛！有些爸媽白天要上班真的很辛苦，很多人都紛紛向我表示，上班已經累到不行了，還要陪孩子玩？或是都已經快被孩子氣炸了，我還要陪笑？這時

候我都會說：「忍一時之氣，免『數年』之憂呀！」若沒有趁著孩子還小的時候加強，以後陸陸續續衍生出各種要我們擔心的問題可能就不是只有生氣的程度了……未來的您會感謝現在咬著牙陪玩的自己，您的孩子之後也會感謝您的！

所以就算您根本沒有時間親自設計遊戲，純粹按照黃老斯表格上的規劃執行也沒關係，至少在陪孩子時的態度可以輕鬆愉悅一點、表情溫和充滿愛一點，忍耐20分鐘就好，每天不需要花很多時間，但切記千萬不要成為「訓獸師」唷！

爸媽請放心，黃老斯要跟你說

你以為孩子發展遲緩或過動，但可能常只是感覺區辨不佳在作祟，影響生活常規及學習而已！

看完這篇大家頭昏了嗎？是不是覺得感覺調節不佳跟感覺區辨能力不佳的狀況有點難分辨呢？黃老斯簡單用小表格整理一下：

感覺調節不佳

可正確分辨刺激，但會反應過度（拒絕）或反應不足（無感）

感覺區辨能力不佳

不太能正確又確實地辨別刺激，所以無法做出適切的反應

兩者都有可能對感覺刺激做出不適切的反應，所以有時會難以區分

感覺區辨不佳相當容易影響日常生活，最容易出現的就是生活常規及學習，生活常規當中的食衣住行技巧不佳的話，就會動作慢、要大人不斷提醒與教導，學習問題的話就是寫作業、工具使用等會有狀況。

孩子進入小學前，有些事情爸媽會幫忙完成或是耐心等到孩子完成，但上了小學後，作息比較緊湊加上有作業、學校交代的事情又多、爸媽也忙，孩子原本欠缺加強的部分就會更加凸顯出來，有可能爸媽幫更多反而更累，孩子更是沒鍛鍊到，還有可能造成親子關係緊張、沒有質感。

黃老斯會建議爸媽要讓孩子在進小學前就開始預備小學生活所需能力，例如：在一定的時間內自我照顧與盥洗（刷牙、洗臉、穿衣、穿

鞋襪）；自己整理書包、書房、書桌；自己預備隔天要用的東西與衣服並且學習預測、檢查與確認；要具備基本的閱讀與書寫技巧、工具使用能力；要有聽指令後去執行的能力；足夠的專注力（至少要能坐好一節課的時間）……等等，以上這些能力並不是等到上了小學後才一一練習呀！

有很多情況是孩子的練習根本就不夠，或沒機會練習而出現狀況，這種例子評估後才發現根本就與發展遲緩、注意力不佳、過動、感覺統合或缺乏運動無關……

以感覺統合來看，中樞神經系統的可塑性到9歲之後會開始遞減（Ayres, 1972），一般我們認為到9歲之前才有可塑性，不過越來越多研究發現感覺統合相關的處理、技巧及建議活動對於年紀較大的孩子與成人在適應環境、生活各方面都很有幫助，尤其是當他們發現自己的需求及問題時，動機會更加強烈，想要變得更好的心反而讓他們在加強感覺統合經驗時更加深刻，但也有些人是養成了習慣，年紀越大反而越不容易改。

所以，為什麼黃老斯強調要「把握黃金期、提早去做」這一點呢？因為這是黃老斯在臨床遇到那些懊悔的爸媽們請我一定要在書中呼籲的——過來人的經驗，他們認為還是早點瞭解狀況較佳。我建議爸媽們不論如何都要「提早去做」，提早仔細地觀察孩子、提早讓孩子練習並多做一點，這樣子若在小學前覺得有狀況也才能提早被發現並介入處理喔！

◆動作協調篇◆

從最前面的感覺統合圖表中（請參照 P.032）可以看到，姿勢與感覺區辨能力會影響到動作協調的狀況，但其實這只是運用能力障礙的其中一種類型。本篇分享的是與感覺統合有關的動作協調狀況。

一般來說，當爸媽帶孩子來評估遇到的問題時，若孩子有動作協調方面的狀況，我們就必須釐清是否與感覺統合相關，有的話則是繼續往下確認是姿勢控制或感覺區辨能力的影響，然後確認各自比例佔多少，之後才能給予相關的建議。Chapter 2的開頭有提到運用能力（Praxis）包含：構想、計畫、執行與結束這四個部分，在這裡暫時不討論每個部分的機制，只簡單分享感覺統合基本三大感覺在運用能力中的作用。

觸覺	① 發展身體概念 ② 觸覺區辨能力可以讓手部的動作更確實、靈巧 ③ 工具使用的能力
前庭覺	感知頭部位置與速度的變化、姿勢的控制等，和本體覺一起合作
本體覺	使身體概念可更確實地建立，可感受：各種動作產生的肌肉關節感覺給身體的回饋、肢體在空間中的位置、身旁各種物體與身體的位置關係，讓我們能更精準地做出合適及想要的動作來達成目的

★ 本篇會提到動作協調中的「兩側協調與順序性」和「身體運用能力」。

兩側協調與順序性

兩側指的是身體的左右兩側，兩側協調則代表身體左右兩邊可以很好地分工合作完成想做的事情，以程度來分：

❶ 兩手做同樣的事情，如搬東西、接球

❷ 兩手做同一件事情，但左右手各負責一邊，如演奏樂器（鋼琴、小提琴、吹笛子）、黃老斯寫書時用電腦鍵盤打字、穿衣盥洗等

❸ 兩手做同一種任務，但不同工作（通常是一手穩住一手做事），如翻書、剪紙、縫衣服、拿碗吃飯、寫字等

第三類被認為是兩側動作發展裡的最高程度，以一手為主另一手為輔，配合身體在任何空間中操作物品、完成事情（Keogh & Sugden, 1995; Wiiliams, 1983）試想有一條線從頭到腳將身體分成左右對稱的兩邊，左右各一隻眼睛、手腳，這條線稱之為「身體中線」，我們有許多動作並非左右各自進行，而是需要兩邊互相合作，並且常會跨越到身體中線的另一邊，就是所謂「跨越中線的動作」。

跨越中線的動作包含重心轉移及轉動軀幹，是兩側協調很重要的一部分，從各種球類運動、舞蹈到日常生活中許多不經意的動作都會使用到。順序性的活動，就是一件事情在腦中想好第一步如何開始，接下來怎麼安排的順序，每個人做事的先後順序本來就會有所不同，重點是要能順暢無礙。

以寫功課為例，孩子回家後要開始寫作業的動作時，可能的順序是：

❶ 打開書包，拿出聯絡簿看今天的功課有哪些？

❷ 決定好第一個要寫的，然後把剩下需要用的準備好放在桌上，一一完成。

❸ 或是完成第一個作業後再看聯絡簿決定下一項。但若這方面能力不佳的孩子，當您請他去寫功課的時候，他就可能會在書桌前不知所措、東摸摸西找找，或是雜亂無章拖拉很久，嚴重一點的話可能會延伸到不懂怎麼安排時間。

身體運用能力

身體運用能力是當我們遇到新的事情時，是否可以好好地計畫該怎麼控制身體動作，這非常需要仰賴預測及從回饋中學習的能力。

身體運用能力不佳的孩子，面對體育課、帶動唱、大動作遊戲時，就會看起來比較跟不上、動作慢半拍或笨拙，因為即使已經教導怎麼做或是告知規則，他們還是很難預測下一步，甚至玩玩具時除了手部操作的動作不流暢外，也很難看著示範學習。

以下個別分享的兩個臨床故事會比前面複雜一點，若為從書的前面開始讀到這裡的人應該會發現問題越來越難了吧？因為有很多表現都很相似但原因卻不盡相同，這樣的推理過程就是黃老斯在醫院的日常——提到這些只強調「人」的問題本來就不簡單，真的無法一言以蔽之呀！所以這篇的教養案例及臨床推理內容會比前面都還長唷！

職能治療師分析：

教養案例

教養案例分享一

為什麼孩子常常好像沒看見前方的人事物，總是直線開路地衝撞過去，爸媽該怎麼辦？

「黃老師好，我是因為想確認孩子是不是過動所以來評估的。因為我們實在是束手無策了！」才剛打招呼完，媽媽就立刻說明來意。

六歲的女孩琪琪進來治療室時帶著閃爍的眼神與微笑，看得出來她對這個環境充滿好奇，但她卻只是在裡面走走看看，沒有詢問我、更沒有要借東西。在訪談中媽媽表示很不解，為什麼琪琪自從會走路開始，就一副平衡感很差的樣子，而且常常好像沒有看到前方的人事物？如果想要拿某個東西，只看著那個東西就衝過去了，完全不管前方是否有桌椅、人或是障礙物，琪琪絕對都是走直線距離開路衝撞過去，結果當然就是經常受傷、跌倒，然後接著一陣大哭，怎麼教她要看路、要小心，都教不會也講不聽。

琪琪不論在什麼環境都很難一直待在同一個位置，要不停地動來動去，吃飯都要大人追著，跟她說：「要好好坐著吃，不然就收起

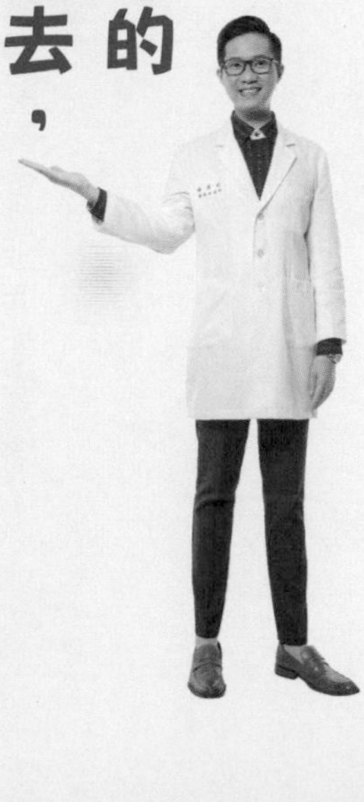

來！」但這麼做也沒用，因為孩子餓了便不停大哭或是懇求大人給飯。外食更是不得安寧，孩子還會跑到其他桌鑽來鑽去。小時候甚至在娃娃車推著走的半路就「跳車」，簡直把大人都嚇壞了。

媽媽說：「從小到現在，只要帶她坐大眾運輸工具，只要是稍微長程一點超過半小時的路程，我就要等著被旁人白眼了，五歲前是我怎麼哄、怎麼安撫都無法讓她靜下來，要是我不讓她起來跑或走，就開始大聲地唉唉叫，搞得我只好去學開車，但開車的開銷又很大，我真的很困擾呀！而且這

麼愛跑來跑去的孩子，居然走沒幾步路又要人抱，玩玩具也是一下子就不玩要換別的。」

琪琪剛進來時，我看到她的衣服穿得很不整齊其實就已經滿是疑問，但應該不可能是家裡沒照顧好，所以詢問了一下她的生活起居，奶奶表示幫琪琪穿衣服也總是像戰爭一般，六歲的女孩還總是穿不好衣服、鞋子，動作又很慢，而且幫她穿好後還是會馬上變得衣衫不整、很快弄髒。

因為即將要進入小學了，所以我評估了一下琪琪入學前是否具備了該有的動作技巧及認知狀況，發現孩子認知雖然有在發展年齡上，但挫折忍受度很低（請參照P.134）又很不知變通，我請她在遊戲中順便完成20片的拼圖，她卻堅持一定要某個方向開始、一定要拼哪一

塊，若她想拼的那塊沒有在手邊可及範圍內她就說不想玩了，也沒有繼續找或嘗試找，更不願去想辦法；孩子大動作與精細動作的品質都很粗糙，往前跳時跳不到點上、丟沙包沒問題但只接到1個；右手拿蠟筆著色時左手不會壓著，用剪刀剪紙時都一刀到底，另一手不會拿著紙轉向沿著線剪，兩手一起做事的時候都很卡。

媽媽看到琪琪的表現後彷彿想要解釋什麼地向我說：「因為家裡沒有其他兄弟姊妹，她只能一個人玩，要不然就是家裡的大人們陪她玩，很多玩具都被她弄壞，而且她都是玩差不多那幾樣，自己也很怡然自得，再不然就是看電視。她在幼兒園沒什麼朋友，老師說孩子不喜歡團體遊戲。我覺得她就是習慣自己玩了，比起人際關係，我在意的是到底有沒有過動？」

「還有一件事即使到現在長大了也沒有改善太多，那就是不論在幼兒園還是帶她去公園、親子館玩都是這樣欸，不論空間大或小，琪琪都很常去撞小朋友或是撞到牆壁，跟她講的時候都沒在聽的感覺，不知道是不是眼睛視力出了問題？請老師幫我確認一下。」陪同前來的奶奶補充說著。

因為媽媽和奶奶的陳述很仔細、完整，經過評估發現造成琪琪如此表現的主要原因是感覺統合的問題，本體覺、前庭覺、觸覺都不平衡、肌肉張力稍低，種種因素影響到動作協調能力，後來我們持續七個月的治療課程直到她上小學，過程中還得克服一波又一波的家庭狀況，除了要幫助琪琪改善動作協調的問題，最困難的是調整家中的教養觀念，雖然還有很多可以改善的空間，但至少孩子比過去已經進步很多了！

【職能治療師臨床推理】

我們必須先能控制好自己的動作，才有辦法與外界環境互動，但有感覺統合狀況的孩子對於計畫性的動作會覺得困難，他們沒辦法計畫及開始有效的動作來反應環境的改變或還沒發生的事情。

若前庭覺和本體覺區辨不良的話在計畫及產生預測動作順序時會產生困難，所以其實琪琪從小為了適應環境變化，身體必須辛苦地不斷調整，而且她難以預測新的環境將會有什麼事情發生，對於不知道怎麼辦的事項會很緊張，所以那些看似脫序或與眾不同的大小狀況都是這個原因，與過動與否無關。

以發展來看，大部分的孩子到了六歲都可以具備掌控遊戲技巧的空間需求（Keogh & Sugden, 1985），像是控制肢體動作及姿勢、自己在空間中的位置、使用肢體時的力量等，大概到了十歲左右就學會大部分的姿勢與動作策略，能夠找到在環境中有效率且對自己是輕鬆的方法，但這些對於動作協調不佳的孩子來說都會有點吃力、消耗能量、看起來不流暢或笨拙。

琪琪在小時候就明顯有這樣的情況，隨著年紀增長到六歲卻沒有進步太多，太多事情需要確認了，所以她一來評估，我就要想辦法瞭解根據現況回推現在及過去的她到底發生了什麼事情，結果發現孩子的認知發展並沒有比較慢，只是因為感覺統合問題使得身體的協調動作及控制比較弱，此外，家人覺得帶孩子出門常有風暴，為了避免麻煩而較少出門，也很少做大動作的活動，多半沒事就在家裡玩或看電視，所以教養問題導致環境刺激低也是造成琪琪現況的一大主因。

預期的動作順序需要前饋控制更甚於事後回饋，兩者彼此相關，但在動作上的感覺控制所呈現的範圍有所不同，經過評估後發現琪琪在動作協調中「兩側協調與順序性」的問題較大，而這方面主要是「前饋控制」有困難，簡單來說就是預測能力不好，所以新的事物、新的環境、不斷變化的地方會使她感到不知所措，導致她不想參加團體遊戲，只想獨自做自己習慣的事情和玩沒有太多變化的固定玩具。

這樣的孩子靜態活動表現都不錯，動態的活動就表現不好，因為有時間與空間的變因，要估算時間、速度還有力量的控制，所以她光是站著丟接沙包就表現不佳，遇到其他球類運動要邊跑邊傳球、接球，對她更是難上加難。

黃老斯想說！

克服家庭狀況與教養觀念也是治療過程中的一環

琪琪的故事最後有提到治療過程中努力克服家庭狀況與教養觀念，其實是琪琪的爸爸長期在國外工作，加上琪琪媽的工作也很忙碌，所以是跟爺爺、奶奶及未結婚的姑姑、叔叔一起住，每個人對於怎麼教導孩子都有自己的見解，只有奶奶跟媽媽比較同調，若孩子在家裡發生一些狀況的話，大家都處理方式都不一樣，常因此起爭執，像是爺爺會一直拿零食給孩子吃，讓她不停地看電視；叔叔會買很多東西給孩子滿足她任何要求；孩子沒有安靜下來時姑姑都會很生氣地指責；有人認為該好好鍛練或教導時就會有人覺得太過嚴厲而出來擋……等等。

因為媽媽很晚下班，總是需要拜託家人照顧琪琪，知道有這些狀況後，雖然嘗試各種方式溝通了自己的想法但卻也沒有改變太多，最終還是不好意思太勉強大家。這樣就造成孩子的認知裡抓不到標準，或是有漏洞可以鑽，讓琪琪的進步緩慢且效果大打折扣，我們花了很多時間想辦法解決，但家家有本難念的經，我們這樣的身分也只能在允許範圍內盡最大努力幫助孩子，再次體會到家庭功能的重要，爸媽真的辛苦了！

不過，相較於過去長輩比較不太能接受孩子來醫院或診所評估的狀況，現在越來越常看見爺爺、奶奶或外公、外婆一同來諮詢了，一部分是關於兒童發展教養的相關知識日漸普及，長輩們會使用網路找資料；一部分是孩子都或多或少有需要長輩幫忙照顧的時候，長輩有時也實在是束手無策，甚至有些長輩還會因為自已兒女不覺得孩子有什麼狀況，所以瞞著兒女自己帶孫子來諮詢。

每次看到有長輩一起來諮詢的時候，我都會很開心並且大大地稱讚他們。曾有一位奶奶告訴我說：「我們是真的想知道怎麼教導孩子啦！網路文章、書籍資料這麼多，也不是每個方法或建議都適合所有孩子，我們自己看了真的一頭霧水、無所適從，畢竟是要因材施教嘛！考慮過後覺得直接請教專家可能比較快吧！」我聽得實在是感動不已。

倒不是覺得大家都一定要來請教職能治療師或相關專業，而是希望照顧者能保持警覺，加上「只要是為了孩子好，不管什麼都可以學習與嘗試」的心態，畢竟願意踏進醫院的爸媽不多，更別說是長輩了。別擔心被貼標籤，根本沒有標籤這回事，我總是希望這樣的迷思能消失！

職能治療師分析：

教養案例

教養案例分享二

為什麼孩子動作不太協調，面對新事物又懶得思考，爸媽該怎麼辦？

有次治療室來了一位小學三年級的男孩阿佑，媽媽說孩子動作總是不太協調，體育成績差到影響了人際關係，她在學校跟其他爸媽討論後聽到有人說可能跟感覺統合有關，建議她可以到醫院評估，所以就決定來掛號了。

為了確認孩子的動作問題，我設計了大動作遊戲，順便加入一組12塊的6面立體拼圖請阿佑拚，結果他愣在原地，看起來不知所措的樣子，於是我便問了：「怎麼啦？有什麼地方不懂的嗎？是太難了還是太簡單了？」

「因為老師沒有說，所以我不知道要從哪裡開始拼。」孩子這麼回答。我回頭看了一下媽媽的表情有點尷尬且欲言又止，然後發現母子二人在對望著，媽媽想要下指令，阿佑則是在等待指令。我們三人在治療室中大概沉默了十多秒鐘，媽媽終於忍不住對兒子說：「你覺得該怎麼拼就怎麼拼呀！」阿佑拿起一塊拼圖放下後又停止了所有動作，過了十幾秒後我又重複了剛才的問句，沒想到孩子竟回我：「你們都沒有講話，所以我不知道該怎麼做。」

阿佑在班上成績名列前茅，智能發展與表現都不差，起初只是想在遊戲活動中加入拼圖增添一點變化，想不到不僅提早找到問題的方向，還意外觀察到了母子的互動情況，進而發現媽媽在教養孩子中需要調整的部分。

評估後發現阿佑的動作協調狀況偏向前庭覺與本體覺的區辨能力不太好、有全身肌肉低張的情況，從而影響到他的協調、預測、反應與透過回饋學習的能力。此外，從活動中看到阿佑面對事情的挫折忍受度（請參照P.134）很低，像是這組拼圖他自己只拼了五、六塊之後就放棄了，直接推倒不拼，嚷嚷著說自己不會，可是以他的認知程度來看應該並非真的不會。（這組拼圖給6～7歲的孩子拼都可以很快完成）

爸媽在意且認為孩子只有動作協調的問題，對於我提到的挫折忍受度，媽媽雖然覺得有點困擾，但也沒有太放在心上，以我們專業人士的立場來看，這卻是相當重要的關鍵。經過訪談與觀察後得知，從阿佑還很小的時候爸媽就擔心他犯錯或受傷，所以生活中的每件事情都會事先預告、提醒、警告，要他這個不要做、那個不要碰、現在做這個、等一下做那個，限制了孩子探索環境的自由度。漸漸地演變成作業、各種大小事情都是大人一個口令一個動作，阿佑到最後也放棄了探索的意志，預測及規劃的能力逐漸弱化，消極地等待每個指令，因為他自己要做什麼事的話就總是會被限制、被要求、被「建議」，若沒有按照建議去做，大人就會一直在旁邊強烈地要他聽話改正、接受建議，理由是：「這些全是為了你好、這樣是保護你、聽大人的話比較快……」

在變成現在這情況之前，遇到新的事物或挑戰時阿佑只是想個幾秒到幾分鐘，大人就會開口指導，媽媽表示：「我就是看他一副不知道該怎麼辦的樣子才告訴他的。」

殊不知，動作不協調也是這麼來的。阿佑原先還算是個會勇於嘗試的孩子，卻因此逐漸變得退縮畏懼，因為被保護得很好，所以接受到的環境刺激相對也比較少、動作經驗不足、練習的時間也不夠，大部分的事情都是由大人指導後完成的，而也表現得都不錯，因此只要自己做的一點點小事沒有完美無瑕，孩子便想逃避自己執行，挫折忍受度極低。

阿佑面對「新的事物」時，由於腦與身體可以參考的過去經驗及對策很少，讓原本協調不好的狀況更加嚴重，導致他現在沒有指令就不做事，以免後面爸媽又要說長篇大論或是壞了和氣，反正日常要做的事情都有人會說步驟、下指令，他只要好好地把書念好就好。

在之後幾個月的治療課中，我花了不少力氣在阻止媽媽開口指導，就算要指導也只能做最輕微的提示，把大部分時間留給孩子去思考、經歷，一開始我們真的花了很多時間在活動中學習經驗、等待他自己計畫與執行，漸漸地阿佑就變得願意主動提出想要挑戰的事情，也沒那麼怕失敗了。

【職能治療師臨床推理】

每當有爸媽問我問題，我通常不會立刻回答，因為我不太想只是給一個公式解法，這些案例都絕對需要經過仔細地觀察與評估才能給予建議，就像阿佑的例子，媽媽本來問的是：「我的孩子小學三年級了，體育成績表現不太好，動作協調不佳，請問應該要怎麼加強？要做些什麼運動來改善呢？」若媽媽沒有選擇帶孩子來找我評估，只按照自己所想的狀況上網查資料或買書來看，給予孩子的幫助就未必能精確，甚至有可能大相逕庭。

阿佑主要偏向是動作協調當中身體運用的能力較弱，最主要的特徵就是會很怕面對新的事情、環境、任務、挑戰等，不僅預測的能力不好（預想、猜測事情或動作可能會如何進行），從經驗中得到反思的回饋能力也不夠，所以既無法好好預測，也無法好好藉由此次動作的經驗回饋來調整下次的動作。

就像我跟阿佑玩丟接球，即使我丟的方向都一樣，他也很難預測球過去的路徑，所以會漏接，不會從經驗中去想下次自己的手和身體要怎麼動才可以接到；我就站在他前面兩公尺左右的直線距離，孩子丟了20多次球仍無法順利丟到我手上，我都要像守門員一樣跑來跑去接球才行，這都是因為他很難預測自己會丟到哪裡，看到自己丟偏了也不會調整下一次出手的方式。

像阿佑這樣的孩子並非光靠反覆地練習丟接球就會進步，當然也就不是我們反覆地提醒他眼睛要看球、手要記得伸出來、球偏了的話你的手要跟著換方向，腳也要移動讓身體靠近球飛過去的可能軌跡……等所想的那麼容易。當然一定的練習會讓孩子有某種程度的進步，但絕對不是針對弱項來加強的效果可以相比的。

光是簡單的丟接球就有這麼多狀況了，可想而知，阿佑在學校的體育課會有多辛苦？帶動跳、做體操應該都是他的罩門，理解並參與新的遊戲、規則肯定是他最想逃走的事情之一。

希望爸媽在成長的過程中至少能先多給孩子一點探索的空間、失敗的機會，才會知道孩子哪裡可能需要幫忙，若後天太少讓他們自己嘗試，造成生活中刺激過低的話，大腦與身體的經驗值過少，之後遇到新事物能夠舉一反三的類化能力也會不足，適應環境的速度就會下降。

孩子表現出來的樣子其背後原因包羅萬象，要好好分析才能對症下藥，比起無微不至的照顧、保護與面面俱到的指令，孩子更需要的是細心地觀察與耐心地引導。

【如果孩子有以下表現，可能有動作協調能力不佳的問題】

穿著

1. 看起來不修邊幅，衣服常常沒穿好
2. 動作很慢
3. 不喜歡有釦子、鞋帶、拉鍊等穿起來較複雜的衣物：因為本體覺區辨、計畫能力較差，時常會不太知道穿戴順序而且很需要視覺幫忙

自我照顧能力

對時間、空間的概念較差：預測性能力不佳，最常見的是影響體育表現，其他像是過馬路不太會閃、對於從A地到B地的距離感和所需時間不擅長預測，或是自己做某件事情需要多少時間完成沒有概念，所以常見的是拖延、遲到、說的跟做的差很多

社交

1. 挫折忍受度低：可能會覺得自己很沒用（請參照P.134）
2. 缺乏安全感、沒自信：對環境掌控度較低
3. 比較內向被動：難以預測並適應環境變化，所以不太有主動性

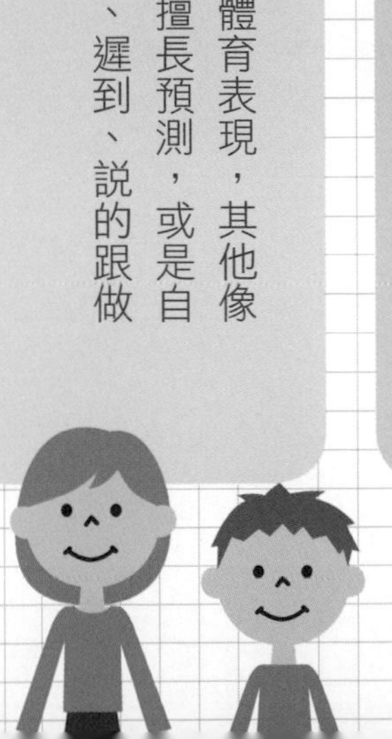

4. 比較不知變通：對生活常規的事情固執無彈性，飯一定要怎麼吃、洗澡一定要怎麼洗
5. 無法忍受臨時變更：若講好的行程因故調整，就會勃然大怒
6. 喜歡跟比自己年幼的人或大人玩，不喜歡跟年紀相仿的人接觸：對他們來說年幼的孩子容易操控指揮，大人則是會禮讓他們，同儕可能會提出很多意見或讓他們跟不上
7. 語言表達較差：拙口笨舌的樣子，不是不會頂嘴而是當下反應沒這麼快，無法好好地說明自己的感受與想法，也有可能是自己不知道該怎麼講
8. 眼高手低：身體跟不上內心的想法，所以常發生事與願違的情況，以為自己做得到但適應環境變數的能力又弱，所以最後就會放棄，或是乾脆不要開始就不會傷心丟臉

遊戲

1. 玩不同的玩具也常用相同或類似的玩法：積木或組合玩具都拼得很像，最常見的是接長當成劍或棍棒就開始角色扮演，不會再多嘗試其他拼法
2. 不喜歡複雜的遊戲規則：越簡單越好，或是為了讓自己能做得好，會希望由自己來定規則
3. 為了確定自己的安全，很需要大人保護或是要他人按照自己的意思來做
4. 不喜歡拼圖類型、要建構式的玩具

5. 因為自己沒什麼創意，想不到好玩的玩法
6. 喜歡自己獨自行動或玩，會避開團體遊戲：尤其是團體遊戲的規則很難的時候，因為其他孩子們通常會調整既有的遊戲來進行挑戰，這時他們就會很難適應、難以跟上

學校表現

1. 遇到新的事情或挑戰常不知道或想不到該怎麼辦，便會愣在那邊一問三不知，他們很常說：「我不知道。」
2. 做事情缺乏組織力（常見於寫學校作業時）：
   (1) 可能會在作業的不同大題或是不同科目之間跳著寫；可能會因為不知道要先從哪樣開始做、不知道需要多少時間就先做了再說
   (2) 常常忘記帶需要的東西，因為前一天沒有好好思考及確認
3. 不擅長運動：大動作類型的都不協調，跑步、體操、打球
4. 精細動作不佳：寫字、拿筆、工具使用都技巧不好，所以字可能會不好看、拿筆的姿勢手容易累、藝能科的作品都不精緻，看起來沒有用心在做
5. 課業問題：可能會因為預測能力、動作協調、書寫能力不佳而影響學習，導致課業表現不佳，容易被誤會是學習障礙

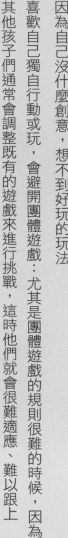

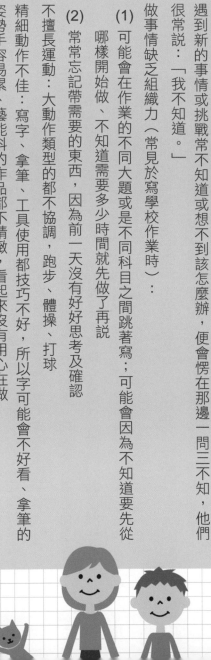

爸媽請注意！

該如何促進孩子的動作協調能力？

影響動作協調能力的因素很多，光這本書提到的就有感覺區辨及姿勢控制能力了，然而感覺區辨中也有很多細節，姿勢方面還要看是否為肌肉低張，因此幫孩子加強的原則就不會像前面的章節所提到這麼單一面向，而是會建議以綜合多元素的活動或遊戲為主，再根據孩子個別的強弱項做難度及內容的調整）別擔心，黃老斯馬上就來分享！本篇提到這兩個方面的活動原則如下：

兩側協調與順序能力

★大方向：要想辦法自然發生，並在日常生活中進行，或是盡量自然地把要加強的元素放在活動中，不要刻意規劃去反覆練習，這樣反而會更容易成功幫助孩子

❶ 多使用跨身體中線的活動，促進重心轉移、軀幹旋轉

(1) 左手碰右半側肢體；右手碰左半側肢體：

(a) 可以用口令或抽籤，比快速或純動作

(b) 在身上貼貼紙或魔鬼氈，跨中線拿指定的貼紙

(2) 生活中可把東西物品放左右兩側，用對側的手去拿：左右方向可分為身體的前後、上下、兩個斜對角線

❷ **先從對稱的動作先開始，之後再用交替的動作**

例如：手指比數字1～10：雙手比一樣↓一邊正數一邊倒數

❸ **可從手或腳的動作先開始，之後再試手腳並用的動作**

例如：手指比數字，先加入腳原地跳↓交替腳踏步

身體運用能力

↓

❶ **若有本體覺處理不佳的情形，先用抗阻力的活動增加身體概念，以增進動作計畫的基礎（請參考本體覺篇遊戲P.120）**

❷ **活動分級之必要**

(1) 先簡單又具體↓複雜的順序

(2) 全身動作↓指定只能用身體某部分，其他肢體不能用

(3) 回饋方式（從結果來檢討學習更正）↓練習前饋控制（預測）

促進動作協調能力 參考小遊戲

1

遊戲路線設計

讓爸媽在想不到玩法時可以方便一點，把活動項目套進去就是一個小遊戲了。如下圖：

(1) A → B，B → A

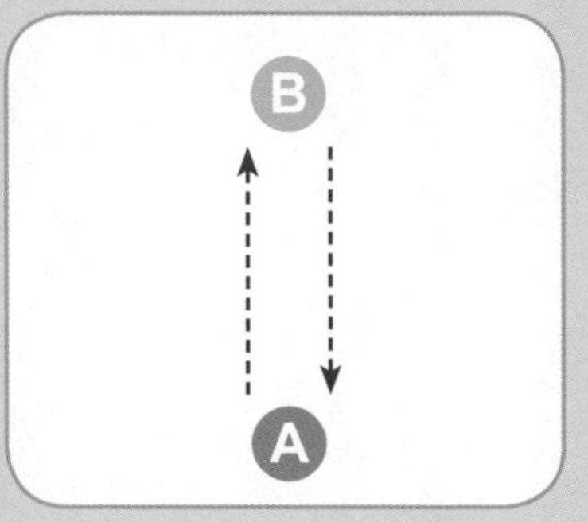

(2) A → B → C → A

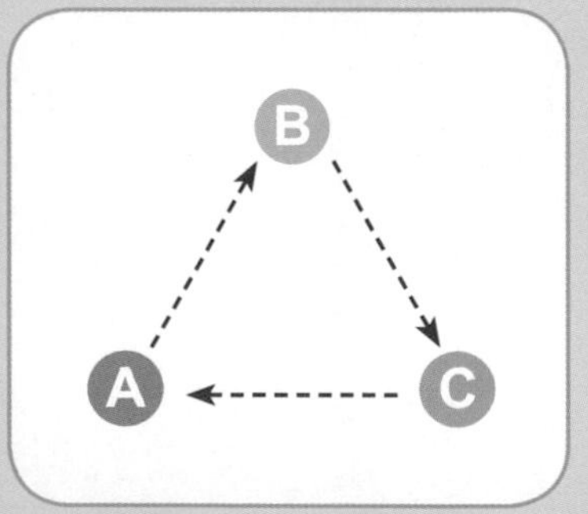

1. 視活動地點而定，A、B、C（或更多）可以在戶外或在家中的不同地方布置2～3個或更多的點）用桌子、椅子、電視做標定或不同房間）。
2. A、B、C可根據想加強的項目或娛樂安排不同的任務，例如：拼圖、積木、發射陀螺、著色、翻桌遊的牌、寫生字、背單字、運動等不勝枚舉、任君挑選。

③「↓」就是如何出發到另一點的方式，通常會用前庭覺或本體覺的活動或加強體能的運動。（可參考前庭覺與本體覺的活動P.092與P.120）

建議剛學習遵守規則的孩子，可使用路線(1)的同一種方式簡單地來回做簡單任務即可。更進階的話路線(1)來回可以是不同的方式。

2

拋磚引玉設計

（爸媽可根據孩子的能力做調整）

1 **範例一：路線(1)** A↓B，B↓A

選擇20片拼圖放在B處，請孩子從A開合跳10下後出發，以大熊走路的方式過去B拿2片拼圖後做3個仰臥起坐，爸媽跟孩子丟接球5次後，孩子再邊拍球邊走回到A，把球給你拼圖，拼好再一次出發，這樣共走10趟。

2 **範例二：使用路線(2)** A↓B↓C↓A

在A處撐小飛機15秒後，青蛙跳出發到B，寫3個字並著色，或是在A出一題可心算的簡單數學題到B寫答案，之後原地蹲下起立7下，單腳跳（每趟可換腳）到C，在C模仿你的動作（出一題跨中線的動作，左手摸右腳踝）後，腳跟對腳尖從C走回A。

【遊戲中須注意的小提醒】

在前面有提到：要先能控制好自己的動作，才有辦法與外界環境互動。因此，不論孩子是否有感覺統合方面的問題，只要是孩子沒辦法好好計畫、不知道如何做出有效的動作來適應環境改變或將發生的事情，爸媽就需要幫他們一把了。以下是黃老斯給爸媽的小提醒：

❶ 不論是何種活動或遊戲，若希望得到各種良好的效果，爸媽在引導或設計時就需要懂得如何調整難易度到「最適挑戰」（Just-right challenge）的程度。將活動的難度設定在比孩子當下的能力高一點的，但不會讓他們一直失敗，大約在他還願意嘗試的時間內多試幾次或練習幾次就會挑戰成功。讓我們透過以下表格來瞭解為什麼要使用最適挑戰。

活動難度	比孩子目前的能力低太多	與孩子目前的能力相當或是略低
結果	屢試不爽（有可能是本來就會的事情）	挑戰的成功率接近100%
優點	1.可以博得滿堂彩，賓主盡歡，大人孩子都開心。 2.適用於害怕接觸新事物的孩子的起步，突破心防。	
缺點	1.孩子可能會覺得無聊、不重視 2.孩子可能因為想要一直得到喝采而養成在未來中只想做簡單的事，不會想挑戰，學不到東西 3.孩子的成就感可能不會是最大值	
備註	可能原因: 1.大人根本不瞭解孩子能力或大人錯估孩子能力 2.大人希望給孩子自信與成就感，希望孩子快樂、挫折少	

比孩子目前的能力高太多	比孩子目前的能力略高
在一段時間內，不論怎麼嘗試都挑戰失敗	會有失敗但嘗試克服或練習後就會成功
可能會激發起某些孩子鬥志，但未必適用於全體	孩子可獲得最大成就感與自信
孩子根本不想做，會想反抗、逃避	某些孩子可能嘗試兩次沒成功就想放棄了
可能原因：大人期望太高或大人錯估孩子能力	大人需很瞭解孩子能力、界線，這要嘗試才能找到

★若爸媽覺得此表格內容很難想像的話，就以制定考試成績標準來想像即可。

如同表格中提到的，最適挑戰的標準需要嘗試幾次才能抓到感覺，所以在過程中要不斷觀察孩子的表現，並且及時地微調挑戰內容來上修或下修難易度。

切記千萬不要輕易出手、出口指導或直接幫忙，讓孩子多試幾次看看，以愛及耐心多鼓勵與支持，讓他們無後顧之憂地克服自己的心魔與能力限制。舉例來說，有來我的治療室一起跟著上課的爸媽一定看過我在給孩子玩遊戲的過程中，會視情況調整內容，曾有爸媽問我：「黃老師，您看孩子表現很好就把活動變難，看孩子失敗太多次就把活動調簡單，請問這樣是不是太沒原則？孩子能學到東西嗎？」

這個問題就端看我們用什麼角度來介入了，確實拿捏不好的話有可能會出現一種情況是孩子發現了大人會根據他的狀況改變標準，為了逃避困難而故意表現不好讓挑戰變容易，所以此時就很仰賴大人的觀察能力是否能及時發現孩子的心之所向而跟著調整。

調整難易度的目的在於找到孩子的能力範圍，給予最適挑戰，讓孩子在活動過程中對自己

產生最大的成就感與自信心，使他們獲得「原本看起來有點難的事情，經過嘗試與練習終究可以成功」的經驗，這種經驗累積到一定程度後，孩子們未來看到難度更高的新挑戰就不太會懼怕而勇於面對，也因為能力相對提升，願意挑戰的次數及挫折忍受度（請參照P.134）就會提高。

這樣爸媽是否有比較瞭解最適挑戰的重要性了呢？不論成人或孩子都適用這個原則，對於動作協調能力有狀況的孩子，更是不可或缺地重要！

❷ 對於計畫能力不佳的孩子：

(1) 爸媽可帶領孩子把步驟分解地很細之後，根據他們不擅長的部分，簡單地以口語引導、教導策略，分享自己做這件事情的祕訣、心得，或是分享一些讓他們能提醒自己的口訣後多加練習，但請記住這並不是訓練。

(2) 建議爸媽在加強孩子計畫能力前，避免在要開始執行時問他們開放式的問句，像是「這件事情該怎麼做？」也未必要劈頭就問孩子實際執行的步驟，他們就是「不知道」才會被認為是計畫能力不好嘛！因此任務可用「與孩子目前的能力相當或是略低」的難度告知後，先讓他們好好試試看、好好地想，但因為通常這類孩子在想的時候會停下其他動作專心地想，看起來可能像發呆或不知所措地站著，此時先別介入，要是真的停太久了，就給予很簡單的提示即可，不要說太多！

(3) 孩子做事時很可能看起來沒有效率，甚至不懂如何省時省力，常會讓大人有點看不下去，此時也一樣先觀察，不要馬上給予建議，以免他們之後遇到問題還是不會思考。像是我在治療室都會請孩子丟完沙包後幫我把箱子裡的沙包收回抽屜裡，計畫能力不佳的孩子就會一個一個拿去放，要跑好幾趟，他們就不會想到一次可以拿好幾個或全部抱走，也不會想要把箱子移動到抽屜旁一次放回去，通常他們放完之後都會氣喘吁吁地說很累，我頂多笑著回應：「跑這麼多趟辛苦你了，謝謝，你是老師的好幫手！」在未來的上課中，我時不時都會再請孩子收沙包，不用幾次，他們就想到有效率的方法了，臨床經驗中這樣的方式都很成功喔！

❸ 加強動作協調的活動盡量在日常生活中自然地、沒有壓力地練習，而且這樣的情境中可以很自然地觀察到孩子的能力、他們需要什麼以及欠缺什麼能力。

爸媽請放心，黃老斯要跟你說

透過不斷累積經驗及接受足夠的環境刺激量，孩子更能夠「隨遇而安」！

曾經有一個男孩來諮詢過，在他剛上小學時，每天上學都大哭，從進教室到放學都在哭，聲音或大或小，因為實在太過於干擾，於是座位就被安排在門邊，臉朝外面哭。爸媽和老師嘗試過各種方式，鼓勵、安慰、溫柔對待、集點、遊戲、甚至小小處罰、換各種地方坐等等，都沒辦法讓孩子停止哭泣。現在這個孩子小二了，前陣子連絡爸媽，他們告訴我，孩子每天都說好喜歡上學喔！但殊不知他一開始哭了兩個月才適應。

每個人適應環境的速度與能力本來就不盡相同，我們大多會希望自己不論到何處都能隨遇而安，但這需要經驗的累積以及平常接受足夠的環境刺激量。舉例來說：從來沒有自己出國的人，第一次自己去機場、上飛機、降落在異地，是否會心情緊張忐忑？一回生二回熟，經驗越來越多時，面對旅途中許多的突發狀況便能越來越游刃有餘。

經驗值若不多的孩子，在接觸全新的環境、全新的人事物時，肯定有人會吃不消，每個孩子表現的樣子不同，只是身為爸媽或師長的大人觀

察到多少？能瞭解多少？感覺統合的概念中能體現人與環境互動的狀況：是否能調整計畫、策略、身體、想法等以更好地適應並做到該做的事與想做的事？

這也是為什麼黃老斯會在本書中選擇藉由感覺統合的理論架構來分享臨床經驗的原因之一。

職能治療本身就是在生活中進行，與生活息息相關。職能治療師就是想盡各種方法幫助大家更游刃有餘的適應環境，擔當各種角色，從而提升生活質量，更加健康快樂。因為要做準確說明，書中提到很多專有名詞或方法，希望能讓各位爸媽讀了之後能獲得更多觀察的視角、更多嶄新的想法，也能更深入全面地思考問題，從而能夠不留遺憾的陪伴孩子成長。

教導我的牧師曾告訴我一句話：「人若努力地造就自己多少，就能按照所造就的程度過得更舒服、更喜悅並享受更多。」兒童醫療領域臨床執業至今，看過形形色色的爸媽與孩子後體會到真的是如此。雖然黃老斯不斷地強調要多觀察孩子的表現，但是若非專業領域者，有些狀況爸媽再怎麼觀察入微可能還是只能看到冰山一角，或許還會有很多爸媽沒發現的地方，如果有疑慮，也請放心地、適度適時地請教專業人士吧！

願所有讀過這本書的讀者都能擁有健康、平安，充滿希望與感謝。

小補充

正常的定義是什麼？

正常的定義，很多人也說不上來，每個人有不同的特質與個性的差異，關於身心狀態的情況，本來就不是二分法。

以統計的常態分佈圖來舉例，把多數人的表現取一個平均值，通常會將距離平均值兩個標準差以內的情況（會因為所探討的事情而取不同的範圍）稱為「正常範圍」，也就是所謂的「典型」狀況。所以正常是一個「範圍」，大約95%的人在此範圍內，但這範圍內仍存有差異性，端看偏離平均值多少而定，偏離兩個標準差以上的兩個極端值加起來5%的情形，就會歸為「非典型」。（如下圖所示）

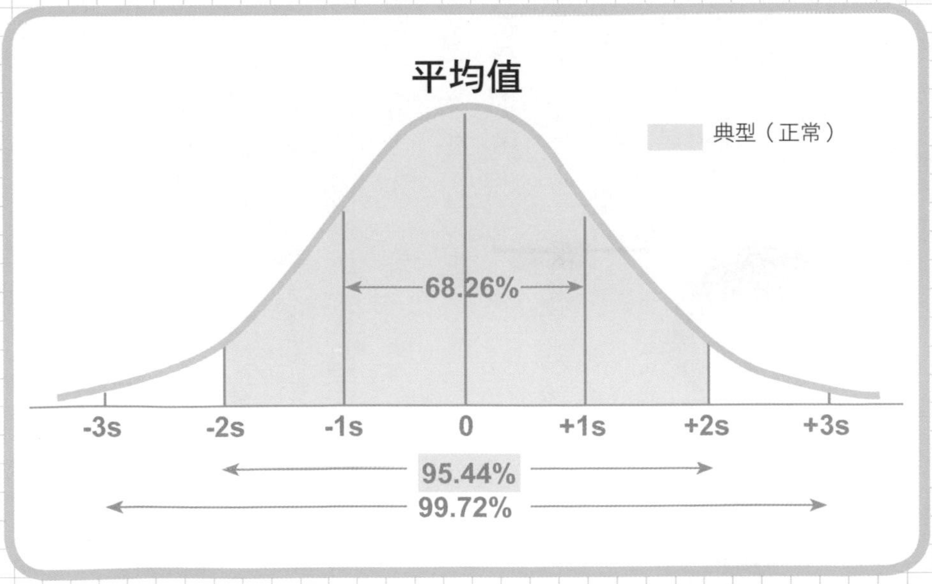

然而，平均值就絕對具有代表性嗎？其實隨著國家、地區、民族、人口組成、生活習慣、所選的人口範圍，甚至時代背景的不同，都會影響平均值呀！

假設某小學三年級男孩的平均體重是32公斤，兩個標準差是4公斤，以上面的概念來看這個例子，體重的正常範圍是（32-4）～（32+4）公斤，也就是該小學三年級有約95%男孩的體重落在28～36公斤，若超過此範圍的體重就是不太正常的胖或瘦了。那27.9公斤就是正常，28.1公斤就不能算正常了嗎？32公斤就絕對有代表性嗎？在這所學校當中達到平均體重的正常範圍內，又有什麼意義嗎？何況還要考慮身高及每個人的年齡，雖然在同一屆讀書的同學也可能差快要一歲呀！是否身體健康、是否有均衡飲食與是否充分運動及睡眠時間等才是重點吧？

這樣大家是不是比較有概念了呢？體重還可以測量、以數字化來描述表示，光是這樣都有很多變因可以討論了，更何況是生活表現呀正常與否的界線更加就難以定義了，對吧？因此，我們能理直氣壯地說誰是正常、誰不正常嗎？希望爸媽們和每一位師長人不要陷入「正常」二字的迷思，也別使用錯誤，我們評估的標準會放在個案的狀況是否影響日常生活、造成他人困擾以及其程度多寡，並且著重於找出原因及改善的方式，不會定義個案的狀況是否「正常」。

很多爸媽最後都會希望我告訴他們，孩子到底是不是〇〇〇病或╳╳╳症？其實「解決問題」才是核心，給予定義、分類歸類、加上標籤意義真的不大！

以感覺區辨篇的小泓為例（請參照P.204），他的專注時間比班上同學短，可能在再度恢復專心的期間會走動、打擾到老師或其他同學聽課，既然評估後與身心狀況無關，除了解決感覺統合不佳的狀況外，還要教導他如何拉長專注時間的策略與因應措施來幫助小泓在無法專心時仍不影響課堂進行，父母也要在家裡持續訓練及練習，再和老師溝通孩子的狀況並且搭配協助。

就像是大人上班無法專注時也會去走走、洗臉、裝水、喝點咖啡提神了，孩子在無法專心時自己想辦法提升警醒程度（請參照P.130），若因為這樣就被稱為「不正常」，豈不是太過冤枉了嗎？

最後還是老話一句，若有疑慮，建議爸媽還是要請教相關專業，才可以避免無謂的擔心與誤會唷！

【爸媽請放心參考文獻】

- 陳官琳、汪宜霈、王湉妮、林玲伊、陳顥齡、陳玉蘭、傅中珮（2017）.《小兒職能治療學上冊》
- 陳官琳、汪宜霈、王湉妮、林玲伊、陳顥齡、陳玉蘭、傅中珮（2017）.《小兒職能治療學下冊》
- 吳端文（2016）.《感覺統合》
- 汪宜霈（2009）.《感覺統合》
- 吳東昇（2009）.《感覺統合指導手冊》
- Bundy, Anita C.,& Lane, Shelly J.,& Murray, Elizabeth A.（2002）. Sensory Integration: Theory and Practice. 2nd edition.
- Catherine A. Trombly & Mary Vining Radomski.（2013） Occupational Therapy for Physical Dysfunction. 7th edition.
- Chrsty Isbell., & Rebecca Isbell.（2010） 兒童感覺統合-學齡前教師指南（陳威勝、陳芝萍譯）
- DavisSuzanne.,LisaHassebrock., Mary EllenBoehme.,RegiBoehme., VirginiaFidel.（1990） Developing Mid-Range Control and Function in Children with Fluctuating Muscle Tone.
- Jane Case-Smith., Jane Clifford O' Brien.（2014）.Occupational Therapy For Children and Adolescents. 7th edition.
- Karen W. Kriger.（2006） Cerebral Palsy：An Overview American Family Physician Vol 73, 91-100
- Kramer Paula., &Hinojosa Jim.（2010）. Frames of Reference for Pediatric Occupational Therapy. 3rd edition.
- RegiBoehme.（1990） The Hypotonic Child Treatment for Postural Control, Endurance, Strength, and Sensory Organization.
- Sophie Levitt.（2004） Treatment of Cerebral Palsy and Motor Delay.

Q.doh Reinvent
運動黏土
含抑菌配方
無味無毒
重複使用
感覺統合
手指運動
職能復健
感覺統合 療癒小物
壓、捏、握、揉 訓練手肌耐力
成人 職能復健 手指運動
無特定硬性的黏土運動，減少銀髮族或職災成人復健心理壓力，輕鬆進行復健
兒童 靈活手指 手肌訓練
適合注意力不足、過動症、觸覺發育遲緩、手指靈活發展遲緩的兒童使用
運動黏土 軟硬度等級 介紹
粉紅(軟)：適用肌力明顯不足者
橘色(中軟)：適合肌力不佳，但有復健動機者
草綠(中硬)：適合肌力不佳，且復健動機高者
粉藍(硬)：適合「亞健康」狀態者做為活動練習
橘色(中軟)、草綠(中硬)適合一般人療癒手感
賀! 新書上市 運動黏土 限時特惠
專案訂購單
●單色盒裝 原價$299 活動特惠價 $199(運費50)
●四色盒裝 原價$999 活動特惠價 $790(運費85)
訂購序號 M5a3X8d0n7
即日起至 2018.6.30 止
MAXMOLD 科頓聚合物股份有限公司 www.maxmold.com 訂購單網址 https://goo.gl/forms/U4jLN7FmNlJMrRMH3

爸媽請放心：寫給正在為孩子不專心、不肯學、不受控而煩惱的親子教養書

打破迷思，孩子的心其實不難懂！

作　　者　黃彥鈞◎著
顧　　問　曾文旭
總 編 輯　王毓芳
編輯統籌　耿文國、黃璽宇
主　　編　吳靜宜
執行主編　姜怡安
執行編輯　黃筠婷
美術編輯　王桂芳、張嘉容
封面設計　阿作
校　　對　菜鳥
運動黏土合作廠商　Q-doh科頓聚合物股份有限公司
感謝服裝提供　E-fifteen衣十五西裝襯衫、Hope&Heart・型男的生存法則、集忻t.star・台灣手工鞋
法律顧問　北辰著作權事務所　蕭雄淋律師、幸秋妙律師

初　　版　2018年03月
出　　版　捷徑文化出版事業有限公司──資料夾文化出版
電　　話　（02）2752-5618
傳　　真　（02）2752-5619
地　　址　106 台北市大安區忠孝東路四段250號11樓-1

定　　價　新台幣360元／港幣120元
產品內容　1書

總 經 銷　知遠文化事業有限公司
地　　址　222 新北市深坑區北深路3段155巷25號5樓
電　　話　（02）2664-8800
傳　　真　（02）2664-8801

港澳地區總經銷　和平圖書有限公司
地　　址　香港柴灣嘉業街12號百樂門大廈17樓
電　　話　（852）2804-6687
傳　　真　（852）2804-6409

▲本書圖片由 Shutterstock、123RF提供。

捷徑Book站

國家圖書館出版品預行編目資料

爸媽請放心：寫給正在為孩子不專心、不肯學、不受控而煩惱的親子教養書/黃彥鈞著.
-- 初版. -- 臺北市：資料夾文化, 2018.03
面；　公分
ISBN 978-957-8904-03-3 (平裝)

1. 親職教育

528.2　　106021457